Peter Schickele

Die endgültige Biographie des P. D. Q. Bach

Frontispiece

Peter Schickele

Die endgültige Biographie des P. D. Q. Bach

Ein Leben gegen die Musik

Aus dem Amerikanischen von Rudolf von Bitter

Atlantis Musikbuch-Verlag

Serie Musik
ATLANTIS · SCHOTT
Band 8374

Unveränderter Nachdruck der 1985 im DuMont Buchverlag erschienenen Ausgabe.

Der Verlag dankt der Telarc International Corporation für die Bereitstellung der CD.
Das Inhaltsverzeichnis dieser CD findet sich auf Seite 307.

Die Originalausgabe erschien unter dem Titel *The definitive Biography of P. D. Q. Bach* im Verlag Random House, New York.

ISBN 3-254-08374-1

1. Auflage 1.–4. Tausend April 1998
Satz: Rasch, Bramsche
Druck und Bindung: Clausen & Bosse, Leck
Redaktion: Norbert Henning
Printed in Germany

Widmung
Im Gedenken an

WOLFGANG AMADEUS MOZART
(1756–1791)

Warum nicht? -- was -- warum nicht? -- warum soll ich sie nicht schicken? – warum soll ich sie nicht übersenden? -- warum nicht? -- Curios! ich wüste nicht warum nicht? -- Nu, also, diesen gefallen werden sie mir thun; -- warum nicht? -- warum sollen sie mirs nicht thun? -- warum nicht, Curios! ich thue ihnens ja auch, wenn sie wollen, warum nicht? -- warum solle ich es ihnen nicht thun? -- Curios! warum nicht? ich wüste nicht warum nicht?

– *Brief ans Bäsle Marie*

SPIKE JONES
(1911–1965)
Turn the page, ya fathead!

– *Glowworm*

Vorwort

»Warum?« Nach den Konzerten mit der Musik von P. D. Q. Bach, die der Autor weit und breit über den nordamerikanischen Kontinent gegeben hat, war dies die Frage, die ihm von Musikern und Laien gleichermaßen am häufigsten gestellt wurde. Seitdem er vor sechzehn Jahren mit den regelmäßigen Aufführungen der Werke dieses fehlenden Bindeglieds der Musikgeschichte begonnen hat, ist diese Frage »Warum?« nach einer Schätzung des Autors mehr als zweitausendmal in seinem Beisein gestellt worden; die Anzahl der Male, wo sie hinter seinem Rücken gestellt wurde, ließe sie sich feststellen, würde einen sicherlich vor den Kopf stoßen – und wem nützt schon ein gestoßener Kopf. Allein deshalb möchte man meinen, daß die Beantwortung dieser außerordentlich dringlichen Frage – wahrscheinlich die in der westlichen Hemisphäre am dritthäufigsten gestellte (nach »Was ist der Sinn des Lebens?« und »Wer war die Frau, mit der ich Sie gestern gesehen habe?«) – ein beiläufiges, nichtsdestoweniger aber auch ein vorrangiges Anliegen ist für jeden, der vorhat, endgültig Rechenschaft abzulegen über das, was als die eigenwilligste Taste (eine Metapher wird vielleicht mal erlaubt sein) der Bachschen Familienorgel bekannt ist.

Eine der Antworten auf diese Frage steht in einer engen Beziehung zur Entwicklung der Langspielplatte: Der übermäßigen Verehrung historischer Personen folgt im allgemeinen eine Zeit der Entmystifizierung, und während der letzten Jahrzehnte, in denen so ziemlich alles eingespielt worden ist, was J. S. Bach geschrieben hat, ist natürlich ein Interesse an dem weichlich-blassen Schmer der Musik des 18. Jahrhunderts, der sogenannten Schattenseite des Barock, entstanden. Das ist völlig normal und kein Anlaß zu Besorgnis.

Als eine weitere Antwort auf unsere Frage dürfen wir die Überlegung eines US-Senators aus dem Mittleren Westen übernehmen, der einen vom damaligen Präsidenten Nixon für den Supreme Court nominierten und als »mittelmäßig« kritisierten Kandidaten zu verteidigen suchte, indem er hervorhob, daß es viele mittelmäßige Menschen in diesem Lande gebe, und warum sollten die nicht im Supreme Court vertreten sein? Der Autor hat in der Tat herausgefunden, daß P. D. Q. Bachs Musik einen therapeutischen Effekt auf die Zuhörer haben kann; die Werke von J. S. Bach und Mozart sind von einer so erhabenen Vollkommenheit, daß viele Leute vom Anhören ihrer Musik einen schweren Minderwertigkeitskomplex bekommen aufgrund der Erkenntnis, daß, egal wie sehr sie sich bemühen, sie nie hoffen dürfen, etwas so Schönes zu vollbringen, wogegen das Anhören der Werke von P. D. Q. Bach durch das egostärkende und nicht gerade an den Haaren herbeigezogene Gefühl wohltut, daß das jeder auch ohne jeden Musikunterricht lässig genauso hinkriegen könnte – selbst mit einem Ohr sozusagen auf den Rücken gebunden.

Schließlich sei erwähnt, daß der Autor das Opfer vieler – teils unbedeutender, teils wirklich gefährlicher – Angriffe, sowohl seitens verschieden gekleideter Interessen wie auch von Interessenvertretern in Schlips und Kragen, geworden ist. Die Kernpunkte einiger dieser Attacken werden auf den folgenden Seiten abgehandelt, aber eine der Behauptungen, die

übelste und pöbelhaft skandalöseste von allen, muß hier genannt werden:
Die manchmal unterschwellig, manchmal marktschreierisch laut vorgebrachte Unterstellung, daß P. D. Q. Bach ein reinweg erfundenes Dasein führe und eine von ihrem Autor erfundene Figur sei, nicht weniger als Tarzan von Edgar Rice Burroughs oder Howard Hughes von Clifford Irving erfunden waren. Ein gestandener Universitätsprofessor sollte es nicht nötig haben, sich gegen eine solche ausgemacht falsche Anschuldigung, eine solche absurde Verleumdung, so eine dicke fette fiese Lüge zu verteidigen, aber unter diesen Umständen müssen wir die Gelegenheit begrüßen, auf diesen Seiten Klarheit schaffen zu können und, hoffentlich, die offenbar zahllosen ungläubigen Thomasse, Hinzes und Kunzes zum Schweigen zu bringen, die (zu unserer ewigen Scham) die meisten Musik-Leer-Stühle vollsitzen.

P. S.

University of Southern North Dakota zu Hoople
23. Juli 1975
23.47 Uhr

Vorwort zur englischsprachigen Ausgabe

Es möchte auf den ersten Blick wohl ein wenig übertrieben wirken, einem Buch, das zunächst in Englisch geschrieben worden und sowieso vorher in keine andere Sprache übersetzt worden ist, ein »Vorwort zur englischsprachigen Ausgabe« voranzustellen. Wenn aber der Leser mit ihm einen Augenblick lang Geduld haben wollte, würde der Autor gerne auf folgendes hinweisen: Wäre P. D. Q. Bach vor 200 Jahren nicht regelrecht aus dem Bus der Geschichte herausgequetscht worden, hätte die akademische Erforschung seines Lebens und Werks an ihrem eigentlichen Ort, d. h. in Deutschland und Österreich, begonnen, und es würde dort inzwischen, wenn schon nicht ein ganzes Buch, so doch immerhin einige Beiträge in den verschiedenen deutschsprachigen musikwissenschaftlichen Zeitschriften geben. Dessen eingedenk und um diesem Mangel doch teilweise abzuhelfen, hat der Autor versucht, die langatmigen Sätze und die eigenwillige Interpunktion, die diese Beiträge, wären sie geschrieben worden, ausgezeichnet hätten, beizubehalten.

P. S.

University of Southern North Dakota zu Hoople
24. Juli 1975
0.03 Uhr

Vorbemerkung

»Erkenne dich selbst«, sagte Romeo zu Portia, und er könnte hinzugefügt haben: »Erkenne dein Publikum.« Die vielleicht wichtigste Entscheidung, die der Autor einer wissenschaftlichen Arbeit treffen muß, lautet: Für wen ist dieses Buch? Ist es für die Studienkollegen des Autors, für Musiker ganz allgemein (wie in diesem Fall), oder für eine breite undifferenzierbare Masse, die man das Laienpublikum nennt?

Die Erfahrung der letzten fünfzehn Jahre hat gezeigt, daß man bei allen drei genannten Gruppen auf Interesse – sei es nun Faszination oder Entsetzen – an P. D. Q. Bach stoßen kann. Aus diesem Grund hat der Autor des vorliegenden Werks versucht, verschiedene stilistische Annäherungsweisen zu einem sozusagen verbalen Salat zu vermengen, indem er die erschöpfende Detailfreudigkeit akademischen Schreibens mit dem Rückgriff aufs Anekdotische in der Art der eher »populärwissenschaftlichen« Biographie kombinierte. Viele der heißesten Verehrer P. D. Q. Bachs sind des Lesens unkundig, und sie werden mit Freuden entdecken, daß dieses Buch reich illustriert ist, wohingegen der geübte Musiker Gedankennahrung in der technischen Analyse eines P. D. Q. Bach-Stücks im Anhang finden wird.

Wenn nach diesem bescheidenen literarischen Versuch der Vorhang fällt, wird es beim Publikum hoffentlich heißen, er habe, wie man so zu sagen pflegt, etwas für jeden und für jeden etwas gehabt.

Einführung

Das Widersprüchlichste an P. D. Q. Bachs Leben ist, abgesehen von seiner Existenz, die Zeit seiner Existenz, d. h. seine Lebensdaten. Es ist üblich geworden, seine Daten so zu benennen, wie sie auf seinen ersten Grabstein gemeißelt wurden: 1807–1742; das hat zu einer erheblichen Verwirrung und einer offenbar nichtendenwollenden Flut von Erklärungen geführt.

Unterschiedliche Theorien, die auf der Annahme fußen, er sei 1807 geboren worden und 1742 gestorben, sind zu phantastisch, um ernsthaft beachtet zu werden, was dennoch nicht verhindern konnte, daß sie weite Verbreitung, ja sogar Zustimmung fanden. Plausibler ist der Gedanke, die Inschrift sei ein Kommentar zu P. D. Q.'s künstlerischer Entwicklung; niemand, der sich mit dem gesamten Œuvre seiner erhaltenen Werke auseinandergesetzt hat, wird der Feststellung widersprechen, daß seine eigenwilligtsen Stücke aus dem Beginn seiner Komponisten-Laufbahn stammen (er war 35 Jahre alt, bevor er die Werke zu schreiben begann, die ihn zu einer zweifelhaften Gestalt machen sollten), und daß er dann erst daranging, in der Bitternis seiner Tage alles, was er wußte, zu vergessen, und Musik schrieb, die mehr und mehr der Musik glich, die er als Kind gehört hatte. Doch angesichts der Haltung der übrigen Familie gegenüber P. D. Q., dies wird auf den folgenden Seiten vollständig dokumentiert, bleibt dem Autor kein Zweifel, daß die Inschrift lediglich ein plumper und durchschaubarer Versuch seitens einiger einflußreicher Mitglieder der Bach-Familie war, es so aussehen zu lassen, als könne P. D. Q. unmöglich von Johann Sebastian gezeugt worden sein, der 1750 starb.

Nachdem nun weder von diesen noch von irgendwelchen anderen Erklärungen auch nur eine dokumentarisch abgesichert werden konnte, fügt der Autor den Daten stets ein Fragezeichen bei: (1807–1742)?, im Glauben, daß Vorsicht neun Zehntel, mindestens aber die Hälfte der Weisheit ist.

Notiz des Autors

Selbst am frühen Morgen kann das E♭ so tief sinken wie C♯ oder sogar C.

Danksagung

Ein Vorhaben von solchem Umfang könnte nicht ohne die Hilfe von vielen Leuten verwirklicht werden, oder vielmehr: Es könnte schon, aber man wär doch blöd, es allein zu machen, wenn so viele Leute da sind, die gerne helfen wollen. Es ist unmöglich, jedem einzelnen namentlich für geleistete Hilfe zu danken, und auch viele Verheiratete müssen anonym bleiben, aber es wäre schreiendes Unrecht, wenn der Autor nicht die nennen würde, in deren Schuld er am tiefsten steht, egal wie fad die Liste werden mag.

Stephan Schmidts eigenartige Unfähigkeit, die Folgen seiner Handlungen vorauszuahnen, befähigte ihn zu dem Vorschlag, der Autor solle P.D.Q. Bachs Musik nicht nur innerhalb der akademischen Welt, sondern auch ganz allgemein für das breitere Publikum aufführen; seine Beiträge als Produzent, Manager, Freund und Mitverschwörer waren unmeßbar unermeßlich und erstreckten sich in jeden Bereich der öffentlichen Präsentation von P.D.Q. Bach (was doch so wichtig ist in dieser unserer Zeit nach Watergate!): Konzerte, Platten, Sendungen, Fernsehen und dies Buch.

Kaum weniger wichtig war der Beitrag von William »Bill« Waters. Zunächst engagiert als Inspizient, ist er in weniger als zehn Jahren viel mehr geworden: treuer Verbündeter, umsichtiger Mitstreiter, geduldiger Freund und ohne jeden Zweifel die zweitbekannteste Autorität der Welt in Sachen P.D.Q. Bach; tatsächlich hat er gelegentlich den Autor bei einem peinlichen Aussetzer von Gedächtnis oder Zunge ertappt. Zusätzlich zu seinen hilfreichen Einfällen und seiner ständigen Kritik war er verantwortlich für die Restaurierung und Neuanfertigung vieler der einzigartigen Instrumente, für die P.D.Q. Bach geschrieben hat; jede seiner Taten auf diesem Gebiet ist unvergleichlich, aber sein Meisterstück ist ganz sicherlich die Kammer-Calliope, die der Autor bei seiner Aufführung der »Tuut-Suite« benutzt hat.

Die Suche nach dem Bildmaterial für dieses Buch und für die Dia-Show, die zu dem »P.D.Q.-Bach-Home-Conzert« gehört, stagniert, was von Joan Adams nicht behauptet werden kann, die nicht ein einziges Mal »unter Einfluß« des Autors gesehen wurde während der gesamten vier Jahre ihres häufig intensiven Arbeitsverhältnisses. Als Teilnehmerin des Seminars »Originalität durch Unfähigkeit« war sie an einigen wichtigen »Ausgrabungen« beteiligt, und ihre frohe Energie und unermüdliche Bereitschaft haben ihre Beförderung zur wissenschaftlichen Forscherin voll gerechtfertigt.

Dankbarkeit muß auch für Charlotte Mayerson zum Ausdruck gebracht werden, die Lektorin des Verlags Random House, die acht durch Verschulden des Autors vertrödelte Jahre zum Ende brachte, ohne jemals laut zu werden.

Einige vorzügliche Photographen sind auf diesen Seiten vertreten; ihre Namen werden in der Reihenfolge der ersten Buchstaben ihrer letzten Namen genannt: Paul Buck Hoeffer, Kim Massie, Norman Vershay und William Walters (die Bescheidenheit verbietet dem Autor, seinen eigenen Namen der Liste beizufügen). Besonders hervorgehoben werden muß Jim Kalett für seine ungewöhnlich vorlagegetreuen Aufnahmen des größten Teils des graphischen Materials in diesem Buch.

Ein altes Gemälde zu restaurieren, gerade unter den Umständen der Entdeckung des »offiziellen« Porträts von P.D.Q. Bach, ist ein kitzliges Vorhaben, und Mara McAfee muß gelobt werden für ihren tollen Erfolg bei diesem ausnehmend schwierigen Problem.

Viele Teilnehmer der Seminare des Autors an der U. of S.N.D. zu H. haben zur P.D.Q. Bach-Forschung beigetragen, alle haben sie große Leistungen vollbracht, aber ein paar von ihnen müssen doch erwähnt werden. Lawrence Widdoes verdient mehr Anerkennung als ihm irgendein durch den Autor verliehener Titel geben könnte für seine Rolle bei der Entdekkung der handschriftlichen Fragmente, der Holzverschnitte, Skizzen etc., die am Ende des III. Teils zu finden sind. Ein Großteil dieses Materials ist von Herrn Widdoes eigenhändig zutage gefördert worden. Cathy Aison erwies sich von unschätzbarem Wert bei der Restaurierung der P.D.Q. Bach betreffenden Dokumente sowie bei der Erstellung der Karten in Anhang A und B. Graham Blackburn schuf den Bach-Stammbaum in Anhang G, Mel Klapholz und Jules Maidoff brachten Zeichnungen ans Tageslicht, während Diane Lampert die Porträts der Porcelina Speck und des Prinzen Fred fand. Andere noch nicht erwähnte Studenten, die an der Feldforschung beteiligt waren, sind James Burr, Kay und John Keffer, Tony Santaniello und Mary Jo Walters; sie alle sind gute Kinder, und ob sie nun mit Musikwissenschaft weitermachen oder nicht, sie werden großartige Staatsbürger abgeben. Joseph Abrahams, Frau Farrel und Russel Ryan waren besonders hilfreich bei dem Unterfangen, der Nachkommen P.D.Q. Bachs habhaft zu werden, und Gerda Lerner besorgte die Übersetzung von P.D.Q.'s ursprünglicher Grabinschrift.

Einer der ersten Mitarbeiter des Autors war sein Bruder David, der die schöpferischen Lebensabschnitte des P.D.Q. einzugrenzen half und einige der ersten bekannten biographischen Einzelheiten fixierte. Außerdem schrieb er die Anmerkungen für das erste Plattenalbum, als alle anderen Gelehrten nichts damit zu tun haben wollten.

Vanguard Records seien gepriesen für ihren Mut, die Musik von P.D.Q. Bach weiterhin einzuspielen und sogar zu vertreiben, wie auch die Theodore Presser Co. für die nicht unterbrochene Veröffentlichung, wenn die beiden Firmen auch, aufgrund der Informationen, die der Autor über Maynard und Seymour Solomon vom erstgenannten und über Arnold Broido vom anderen der beiden Konzerne hat, wirklich kaum eine andere Wahl haben.

Die Liste geht immer noch weiter. Harold Shaw, der die beste Gelegenheit hatte, P.D.Q. Bach »fallenzulassen«, als er die Hurok Organisation verließ, um eine eigene Buchagentur zu gründen, wirkte als weiß der Teufel was mit, wofür wir dankbar sein müssen. George Schutz und Gary Haber verteilten Handzettel auf der Straße, als hochgestochene Konservatoriumsstudenten sich weigerten, die jährlichen Konzerte mit P.D.Q.'s Musik in New York City anzukündigen. Robert Lasky fährt fort, die gelegentlich schwierigen rechtlichen Dinge trotz Berufsverbotsdrohungen zu bearbeiten. Gary Farmer und Suzanne Boorsch von der Abteilung für Drucke und Photographie am Metropolitan Museum waren mehr als hilfreich, was immer das heißen mag, wie auch das Personal der Public Library. Pat Difflay und ihr Stab von Suite 1006 erfüllten in des Autors klösterlichster Arbeitsperiode die Tage mit Licht, und Doug Kenney – genug jetzt! Wen schert denn schon Doug Kenney? Der Autor kennt Sie zwar nicht, aber er hat genug von dieser kleinkarierten Namserei! Jorge Mester, John Ferrante, Maurice Eisenstadt, John Nelson, Robert Dennis, Stanlley Walden, Vincent Persichetti, Sigvald und Isabelle, Ernest Lloyd, meine Frau, meine Mutter und mein Vater, mein Onkel, meine Schwiegermutter, die in Ames, Iowa, lebt. Na endlich, das war's! Der Autor dankt ihnen allen, und jetzt aber weiter.

Inhaltsverzeichnis

I

P. D. Q. BACHS HERKUNFT: Ursache oder Wirkung?

»... und die Grazien nicht,
ihres Gürtels ledig ...«
– Horaz, *Oden*

1.
FRÜHE KINDHEIT
(1742–1745)

Es[1] war kalt und dunkel und naß in Leipzig in der Nacht des 31. März 1742. Die Dunkelheit war nicht unerwartet gekommen, doch die extreme Kälte war ohnegleichen, und es hatte drei Wochen lang ununterbrochen geregnet, als ob ein gräßliches Ereignis angekündigt werden sollte.

Im Haus des Kantors der St. Thomas Kirche jedoch war es warm und hell und trocken dank des dicken Bündels Vivaldischer Manuskripte, die im Kamine brannten[2].

Mit 57 Jahren war Johann Sebastian Bach auf der Höhe seiner schöpferischen Kräfte, eine Position, die er über fünfzig

---

1 d. h. das Wetter, gemäß dem einzigen Tagebuch, das der Markgraf Bernhard Erich von Brandigburg (1738–1743) sein ganzes Leben lang führte; darin rapportiert er mit minuziösem Detail zu jedem Tag das Wetter – sonst nichts. Es wurde 1762 in 43 Bänden von Schlaff in Düsterberg veröffentlicht, aber zu dieser Zeit galt das Wetter der Epoche des Bernhard Erich als fad und altmodisch und erregte folglich wenig Interesse bis in die 1840er, als Felix Memmesohns ungeheuer beliebte »Barocke Wetter Berichte« eine Renaissance der frühen Wetterforschung einleiteten, die bis heute unvermindert anhält.

2 Johann Sebastian pflegte jedesmal, wenn er in den Besitz von Manuskripten eines anderen Komponisten gelangte, sein eigenes Arrangement mit dem Werk zu treffen und dann das Original zu verbrennen, womit er den Markt beeinflußte. Zum Glück waren seine Arrangements besser als die Originalwerke (?).

Jahre lang innehatte, seit er mit der Komposition kleinerer Werke für die Lüneburger Orgel begonnen hatte[1]. Man kann sich ihn vorstellen, wie er fieberhaft an Teil IV seiner „Clavierübung" arbeitet mit nichts als ein paar Concerti grossi zur Beleuchtung, nur dunkel gewärtig, daß im Nachbarzimmer seine zweite Frau seinem 21. Kind das Leben schenkt. Nachdem eine derartige Situation wohl nur sehr geringen Neuigkeitswert hatte, sah Bach wahrscheinlich kaum auf, als die Hebamme verkündete, daß „etwas geboren ist"[2]; als er das Kind sah, wich die anfängliche Gleichgültigkeit des Meisters einem Gefühl gutmütiger Feindseligkeit, ein Gefühl, das ihm für die restlichen acht Jahre seines Lebens erhalten blieb. Mit fünf Jahren hatte der Junge noch immer keinen Namen erhalten, und erst nach wiederholten Ermahnungen durch seinen ältesten Bruder Wilhelm Friedemann gab ihm der Vater zwar keinen Namen, aber immerhin drei Initiale: P. D. Q. Als Wilhelm Friedemann fragte, für was diese Initiale stünden, sagte sein Vater, sie stünden für nichts, was P. D. Q. später in seinem Leben auch von sich selbst sagen konnte. Der alte Johann Sebastian fügte noch etwas hinzu wie, die möglichen Namen seien alle bei seinen ersten zwanzig Kindern draufgegangen, und Jahre später schrieb P. D. Q. Bach an einen Freund: »Bei aller Aufrichtigkeit, ich kann sagen, daß ich bis heute keine Ahnung habe, was mein Name, wenn überhaupt etwas, darstellen soll«. Im selben Brief führt er seine häufigen

1 »Kleineres Werk Nr. 1 für Orgel«, Bachs erste Komposition, ist verloren.

2 Diesen unseligen Satz hörte der Neuankömmling mit: Er nagte an ihm für den Rest seines Lebens.

Kopfschmerzen auf die Tatsache zurück, daß der Ort seiner Taufe eher einer Werft als einer Kirche glich.

Und so kam es denn, daß in dieser kalten, dunklen, nassen Nacht in Leipzig (eine Minute nach Mitternacht, um genau zu sein) eine der eigenartigsten Gestalten der gesamten Musikgeschichte der westlichen Zivilisation geboren wurde; ein Mann, der den Gang der Musik nicht um ein Jota veränderte, ein Mann, der die Lehre von der Originalität durch Unfähigkeit endgültig definierte, ein Mann, der über das gewaltigste Hindernis triumphierte, vor dem je ein Komponist gestanden hat: das absolute und völlige Fehlen von Begabung. In den folgenden Jahren setzte sich P. D. Q. Bach unerschütterlich über Hindernisse hinweg, die andere Männer ins Lehramt oder in die Regierung getrieben hätten; die Folge ist ein Œuvre, das ohne Parallele ist.[1]

Viele große Komponisten sind zeit ihres Lebens ignoriert worden, aber P. D. Q. Bach ist ein Monument der Ignoranz. Er wurde nicht nur in seiner ersten Jugend ignoriert, wie wir bereits gesehen haben, man könnte sogar sagen, er sei schon vorgeburtlich übergangen worden, hatte doch Anna Magdalena ihre gesamte Umstandsgarderobe nach ihrem dreizehnten (J. S. Bachs zwanzigstem) Kind weggegeben[2]. Dieserart dem Wind und der Sonne am Tage und den niedrigen Temperaturen, dem Lichtmangel und der Feuchtigkeit der kalten, dunklen, nassen Leipziger Nächte ausgesetzt, entwickelte der

1 Geschichtlich gesprochen jedenfalls. Musikalisch gesprochen enthält das Œuvre viele Parallelen, insbesondere Quinten und Oktaven.

2 Man kann es ihr kaum übelnehmen.

junge Bursch (oder »Knabe«, wie ihn sein Vater rief) bald eine dicke Haut, die ihm in späteren Jahren gute Dienste erweisen sollte. Wenn er auch nicht beachtet wurde, so wurde er doch nicht schlecht behandelt, und er scheint eine heitere Kindheit gehabt zu haben, deren meiste Zeit er mit all den rosigen kleinen Dingen verbrachte, mit denen die Kinder des Barock ihre Zeit zu verbringen pflegten. Er war zu jung, um Kopierarbeiten für seinen Vater zu verrichten, und er war auch zu jung, um die Blasebälge der Kirchenorgel zu betätigen (wenngleich er hin und wieder unter die Tastatur krabbelte, während sein Vater spielte, und sich auf eins der Pedale setzte; der daraus resultierende musikalische Effekt ist als Orgelpunkt bekannt geworden, und das ganze Leben lang hat P. D. Q. seine Vorliebe für den Orgelpunkt gegenüber dem Kontrapunkt und sogar dem springenden Punkt bekundet), so daß er eben einfach spielte oder ein paar Male von zu Hause fortlief[1].

Wenn wir versuchen, die Keime von P. D. Q. Bachs Persönlichkeit als Komponist in den Ereignissen dieser drei ersten prägenden Jahre zu finden, werden wir uns damit wohl schwer tun. An erster Stelle sind die Informationen über diese Zeit sehr punktuell, da sie ausschließlich aus Eintragungen in Johanna Carolina Bachs Leopardenfell-Tagebuch bestehen; an zweiter Stelle war so gut wie gar nichts, da die meisten Familienurkunden verlorengegangen sind, als sie von der ersten Stelle fortzogen.

---

1 »Von zu Hause wegging« wäre genauer. P. D. Q.s Faulheit trat von Anfang an hervor; als Säugling erkannte er, daß auch das Schreien kaum der Mühe wert war, außer bei Konzerten und Gottesdiensten.

P. D. Q. Bach war das letzte und in jeder Hinsicht geringste von Johann Sebastian Bachs über zwanzig überflüssigen Kindern, und er war mit Sicherheit auch das überflüssigste von allen. So sehr sogar, daß wir versucht sind uns zu fragen, ob der alte J. S. wirklich noch auf der Höhe seiner Kräfte war, bis wir uns in Erinnerung rufen, daß im Leben eines künstlerischen Giganten der Geist durchaus unabhängig vom Fleisch funktionieren kann. Der turmhohe Genius Johann Sebastian Bachs hatte bereits einen Tunichtgut gezeugt, Johann Gottfried Bernhard, dessen Hauptbeschäftigung es sein Leben lang war, sich zu verschulden und von seinem Vater wieder auslösen zu lassen, und auch einen schwachsinnigen Sohn, Gottfried Heinrich; Wilhelm Friedemann trank bekanntlich exzessiv, und nach einer Quelle war Christian Gottlieb in Geschäfte von zweifelhafter Legalität mit Angehörigen der Unterwelt verwickelt[1]. So sehen wir, daß P. D. Q., da er doch zahlreiche Charakterzüge älterer Bachkinder in sich vereint, gewissermaßen als Quintessenz des Vaters Bach angesehen werden kann, ganz wie die »Kunst der Fuge« die Quintessenz des Komponisten Bach ist. Neben den oben genannten Eigenschaften besaß P. D. Q. noch die Originalität von Johann Christian, die Arroganz von Carl Philipp Emmanuel und die Unverständlichkeit von Johann Christoph Friedrich.

P. D. Q.'s frühe Kindheit endete mit einer einschneidenden Entscheidung; im Alter von drei Jahren beschloß P. D. Q. Bach, die Musik für den Rest seines Lebens abzuschreiben.

1 Der Umstand, daß C. G. im Alter von drei Jahren starb, wirft den Schatten eines Verdachts auf diese Beschuldigung.

2.
SPÄTE KINDHEIT
(1745–1766)

Der Entschluß, so wichtig er war, blieb in der Familie Bach weitgehend unbemerkt, wahrscheinlich, weil der Junge bis dahin kein Interesse an jedweder Musik gezeigt hatte. Ein weiterer Grund dafür war die Tatsache, daß P. D. Q. niemandem etwas davon sagte, weil er noch nicht sprechen konnte. Doch vierzig Jahre später in einem Brief aus Wein-am-Rhein an einen Freund, erinnerte er sich noch sehr wohl:

Manchmal, wenn ich nüchtern bin, wünsche ich, ich hätte mich fester an die Entscheidung gehalten, die ich mit drei Jahren getroffen, nämlich die Musik für den Rest meines Lebens abzuschreiben. Ob das Gefühl von Schwermut, das mich in solchen Momenten überkommt, von dem Mangel an spiritueller Zufriedenheit in meinem Leben, oder einfach von dem Mangel an jenen einfacher erhältlichen Spirituosen herrührt, kann ich nicht sagen, aber ich habe festgestellt, daß der zweiten der beiden möglichen Ursachen Abhilfe zu verschaffen zugleich auch der ersten abhilft, mit dem Ergebnis, daß solche Zeiten zum Glück selten und vereinzelt sind.

Über die Ursache, warum genau er diese Entscheidung zu dieser Zeit traf, können wir nur mutmaßen, aber die wahrscheinlichste Erklärung ist, daß es eine Geste des Widerstands gegen den Vater war. Aus den oben umrissenen Gründen scheint es nicht wahrscheinlich, daß die schicksalsträchtige

Entscheidung irgendeine Wirkung auf Johann Sebastian Bach zeitigte; und wenn er auch zwei Jahre später die Taufe des Jungen zuließ, bezeugte er ihm 1750 zum letzten Mal sein Desinteresse, indem er starb. Das ist eine traumatische Erfahrung für einen achtjährigen Jungen, gleichviel, was er für seinen Vater empfindet, und P. D. Q. Bachs »Traumarei«, die er in seinen Dreißigern schrieb, zeigt, daß er zu diesem Zeitpunkt noch nicht für das Klavier zu schreiben gelernt hatte.

Nachdem Big Daddy Bach (wie er nie genannt worden ist) gestorben war, verkam die Familie allmählich; er hinterließ kein Testament, so daß sein Besitz auf die Hinterbliebenen überging, mit einem Drittel an Anna Magdalena Bach, und der Rest, darunter fünf Klaviere, zwei Klavichorde und zehn Saiteninstrumente, wurde unter den Kindern aufgeteilt[1]. Für P. D. Q. blieb typischerweise so gut wie gar nichts: sein Teil an Bachs Hinterlassenschaft war ein Kazoo[2]. Der schwachsinnige Sohn wurde von einer der Töchter übernommen, die verheiratet war; den jungen Johann Christian nahm Carl Philipp Emmanuel nach Berlin; Anna Magdalena endete im Armenhaus; was passierte mit P. D. Q.? Hier hat sich die zweihundert Jahre alte Schweigeverschwörung der Bach-Familie als höchst wirkungsvoll erwiesen. Ob ihn jemand von der Familie aufnahm, oder ob er im Alter von acht Jahren seinen Weg allein machen mußte, ist nicht überliefert[3].

1 Was die Instrumente natürlich unspielbar machte

2 vgl. Seite 297

3 vgl. Schwann, »Lang-Spiel-Platten-Katalog«, März 1975

Damals gab es in Leipzig nur ein Heim für die Orphanten, das von einem gewissen Carl Orph betrieben wurde, der über jedes Kind in seiner Obhut sorgfältige Notizen machte, und P. D. Q. Bachs Name taucht darin nicht auf. Man kann annehmen, daß er sich selbst überlassen blieb, denn unser nächster Anhaltspunkt weist darauf hin, daß er erfolglos versuchte, der Kaiserlichen Infanterie beizutreten, die aber trotz ihres Namens keine Kinder aufnahm.

Um 1775 war er in Dudeldorf Lehrling eines Mannes namens Ludwig Zahnstocher, der die bahnbrechende Entdeckung machte, wie man mit einem Geigenbogen Melodien auf einer Säge spielt. Die »Singende Säge«, wie sie jetzt heißt[1], war ein enormer Erfolg; von P. D. Q. am Klavier begleitet spielte Zahnstocher Giguen und andere fröhliche Tänze vor seinen erstaunten Zuhörern, die immer wieder wissen wollten, wie das ging, was schließlich zu einem Artikel in der Lokalpresse mit dem Titel »Das Tanz – Sägen – Rätsel – gelöst!« führte. Mit Veröffentlichung des Artikels verlor Zahnstocher sein Monopol, und nach dem erfolglosen Versuch einer Virtuosenkarriere kam er zurück zur Schreinerei. An seinen Sohn Kleiner, einen Violinisten des Mannheimer Orchesters, schrieb er:

Ich habe entschlossen zurück in die Holzverarbeitung zu gehen, was mit meinem Wohlergehen im Musikgeschäft wo doch so einen Tiefstand ist. Vielleicht lachst du mich aus, und sagst, wie viel Violinisten es gibt und du lebst doch gut, da in

1 Zahnstocher, der nur in einer Tonart spielen konnte, nannte sie die »C-Säge«.

Mannheim. Aber irgendwie is anders mit der Säge. Erst wurde sie nicht im Orchester genommen, obwohl sie doch erbaulicher ist anzuhören als die blöden Jagdhörner, für die die jetzt auch noch Konzerte schreiben! Und dann sind da jetzt so viele Freizeitsäger, daß kaum noch wer in meinen Konzerten kommt. Außerdem, mein Begleiter (dessen Vater übrigens der große Organist Bach war) den sagt, er will aus der Musik, und ich habe ihn überzeugt, weiter Lehrling im Laden bei mir zu sein. Ich schicke heute auch den Bogen zurück zu dir in einem Paket – ist irgendwem aufgefallen, daß du mit meinem Regenschirm geigst?

P. D. Q., inzwischen ein Teenager, diente tatsächlich weiterhin als Schreiner-Lehrling bei Zahnstocher, und zusätzlich zu ihrer einträglichen Tätigkeit, vorgefertigte Klos auszustaffieren (ihr edelstes Modell, das Claudius Âchilleus W. C., war beim Adel recht beliebt), arbeiteten die beiden nach Alter und Charakter doch so völlig verschiedenen Musikhandwerker bei einer Reihe von Untersuchungen und Experimenten zusammen, die in der Geschichte der Musik wie auch der Schreinerei ohnegleichen sind.

Ihr erstes Projekt war, ein Set mit Schlössern für alle Dur- und Moll-Schlüssel in Mode zu bringen, ein gleichermaßen hoffungs- wie sinnloses Unterfangen, das zugunsten einer praktischeren Idee fallengelassen wurde: der mechanische Fingerspieler oder Selbermacher. Diese geniale Erfindung bestand aus einem Paar Holzhandschuhen mit ausgefeiltem Federmechanismus, so daß jeder Finger unabhängig kontrolliert wurde. Wenn ein Klavichordspieler seine Finger lockern und die Hand ausruhen wollte, brauchte er nur die Feder zu spannen und seine Hände in die Handschuhe zu legen, die dann seine Finger mit einer leicht massierenden Bewegung beugen und strecken sollten. Die bei weitem interessantere Verwendung des Zahnstocherschen mechanischen Handschuhs war allerdings die als Selbermacher. Indem er eine knifflige Passage eines Stückes für Tasteninstumente auf zwei Papierstreifen programmierte, um es mit unseren Begriffen auszudrücken, die wie Rollen für elektrisches Klavier aussahen, und die Streifen in Schlitze in den Handschuhen einführte, konnte der Klavichordspieler nicht nur zusehen und zuhören, wie die Handschuhe das Stück auf den Tasten spielten, sondern er konnte auch, indem er die Hände in die spielenden Handschuhe schob, wirklich spüren, wie es sich anfühlte, das Stück korrekt zu spielen; anders gesagt, die Handschuhe übten regelrecht an seiner Stelle und gewöhnten die Finger im Pawlowschen Sinne[1] an das richtige Spielen. Die mechanischen Handschuhe erweckten große Hoffnungen in den Herzen ihrer Erfinder, die sogar an einem bei weitem komplexeren Modell für Organisten zu arbeiten begannen, mit Fußhüllen, oder mit dem noch verwirrenderen deutschen Ausdruck Fußhandschuhe, für die Bedienung der Pedale.

Unglücklicherweise gab es einen tragischen Zwischenfall, der das ganze Projekt unterminierte. Fürst Ferdinand der Bedeutungslose, ein Mitglied des niederen Adels, bekundete Interesse an dem Selbermacher und kam sogar persönlich in Zahnstochers Werkstatt, um ihn auszuprobieren. Unangekündigt erschien er an einem Nachmittag, gerade, als P. D. Q. ein Zusatzgerät anbaute, von dem sie gedacht hatten, daß es

1 Natürlich nicht in dem Sinne, daß den Fingern der Speichel lief, sondern insofern, als daß sie neue Tricks lernten.

von den zahlungskräftigen Kunden als Extra mitbestellt werden könnte: einen automatischen Fingernagelschneider, der arbeitete, während sein Eigentümer übte. Natürlich, es war ein Fehler, daß sie den Fürsten das neue Modell testen ließen, bevor sie es selber ausprobierten; aber Zahnstocher und P. D. Q. waren zweifellos so sehr damit beschäftigt sich immer mehr evtravagante Schmeicheleien auszudenken, mit denen sie sich bei ihrem geschätzten Besucher lieb Kind machen wollten, daß sie die allgemeinen Sicherheitsregeln vernachlässigten, die ihnen wahrscheinlich sowieso nur verschwommen bewußt waren. Bei spektakulären Einzelheiten zu verweilen, hieße, den wissenschaftlichen Charakter dieses Buchs zu verletzen; darum mag es genügen zu sagen, daß Ferdi der Vierfingrige, wie er nun genannt wurde, eines natürlichen Todes starb, bevor er Rache üben konnte.

Das letzte Vorhaben, an dem P. D. Q. mit Zahnstocher arbeitete, begann aufgrund eines eigenartigen Zufalls. Nach des Fürsten katastrophalem Besuch schien eine sofortige Abreise in einen anderen Teil des Landes ratsam, je schneller desto besser. Innerhalb von Minuten hatten die glücklosen Erfinder Dudeldorf verlassen und befanden sich auf dem Weg nach Baden-Baden-Baden, einem entzückenden Badekurort in Süddeutschland, angenehm nah an der Schweizer Landesgrenze. Ferdinand hatte in seiner blinden Wut seine Börse vergessen, und da ein Wiedersehen mit ihm ganz bestimmt lebensgefährlich gewesen wäre, beschlossen Zahnstocher und sein Lehrling, es so zu versuchen und sich mit dem, was sie hatten, eingeschlossen Ferdinands Börse, durchzuschlagen. Das machte ihren Aufenthalt in Baden-Baden-Baden besonders erfreulich, und während sie an einem frischen Herbstmorgen ihre Bäder nahmen, lernten sie einen Johann Gottlieb

Goldberg kennen. Es stellte sich heraus, daß er, Goldberg, der Cembalist des Grafen von Keyserling, des russischen Gesandten am Dresdener Hof, gewesen war und auch derjenige, für den Johann Sebastian Bach eines seiner größten Stücke geschrieben hatte, das bei des Grafen häufigen Anfällen von Schlaflosigkeit gespielt werden sollte; kurz, es war der Goldberg der »Goldberg-Variationen«! Auf diese Neuigkeit blieb dem jungen P. D. Q. Bach trotz seiner weniger als warmen Gefühle für seinen Vater nichts, als eine Flut sehnsüchtiger Tränen zurückzuhalten, denn die »Goldberg-Variationen« waren in P. D. Q.'s Geburtsjahr veröffentlicht worden, und die letzte Variation zitierte zwei Volksstücke, die die Familie zu singen pflegte, und die er – wie er sich erinnerte – hin und wieder selbst gesungen hatte, um das Haus leer zu bekommen.

Die Versuchung ist groß, Spekulationen anzustellen über die Gedanken, die P. D. Q. durch den Kopf gingen, als er so auf dem Rücken lag, umspült von den warmen mineralischen Wassern. Es war nun fünf Jahre her, seit er seine Heimat verlassen hatte. Wo mochte seine Mutter sein? Und seine Brüder und Schwestern? Gab es noch immer Zusammenkünfte der Bach-Familie? Ob Wilhelm Friedemann den Schnaps jetzt besser vertrug?

Sein Geist muß in Gedanken so versunken gewesen sein wie seine Nase im Wasser, denn er war in Schlaf gefallen und wäre vermutlich ertrunken, hätte nicht Goldberg seine Perücke auf der Oberfläche treiben sehen. »Heute mußten wir meinen Lehrjungen aus dem Wasser ziehen«, schrieb Zahnstocher an seinen Sohn, »ich habe noch niemanden so faules gekannt – er kann sich treiben lassen, aber nicht schwimmen! Ich glaube, er wäre es zufrieden, sein Leben lang flußab zu treiben, alles zu nehmen, was er kriegen kann, und sich nie zu bemühen, gegen den Strom zu schwimmen.« Der nächste Satz seines Briefs ist besonders interessant; er zeigt, wie P. D. Q. ständig verfolgt war vom Ansehen seiner Familie, und auch, wie unabhängig er bereits vom Denken seiner Familie geworden war. »Mit dieser Einstellung wird er seinem Namen nie gerecht«, fährt Zahnstocher fort, »aber ich mag ihn dennoch – er ist ein guter Gefährte, immer willig, neue Ideen auszuprobieren, egal wie ungewöhnlich sie erscheinen, was man von seinem berühmten Vater nicht gerade behaupten kann.«

Im Verlauf ihrer Unterhaltungen erwähnte Goldberg, sein neuer Arbeitgeber, der Erzherzog von Trio, sei das genaue Gegenteil des Grafen von Keyserling; das heißt, er schlief so fest, daß offenbar nichts in der Welt ihn wecken konnte. Er schlief oft so tief und so lange, daß die Ärzte feststellten, er liege im Koma, und nach einem Priester riefen, aber er erwachte stets in bester Gesundheit, und seine einzige Angst war, er könnte etwas Wichtiges, z. B. einen Krieg, verschlafen haben. Als Goldberg sagte, der Erzherzog habe eine Belohnung ausgesetzt für den, der einen Laut herstellen könne, der ihn, wenn nötig, aus dem Schlummer reiße, vertaten Zahnstocher und P. D. Q. keine Zeit mit Worten. Die Nachricht von Fürst Ferdinands Tod hatte Baden-Baden-Baden erreicht, was bedeutete, daß sie in Sicherheit nach Dudeldorf zurückkehren konnten, und früh am nächsten Morgen packten die beiden Ex-Flüchtlinge ihre Taschen und machten sich auf. Kaum zurück, begannen sie mit dem Entwurf des wohl lautesten jemals geschaffenen Instruments: des Pandämoniums[1].

1 Eine Skizze des Pandämoniums zeigen wir auf S. 93

Mitten in der Vollendung von »Thors Klangkasten«, wie Zahnstocher das Pandämonium gerne nannte, packte P. D. Q. plötzlich und ohne Warnung seine Sachen und machte sich davon. In völliger Überraschung bekannte Zahnstocher, er wisse keinerlei Gründe für die Abreise seines Lehrlings, obgleich wir annehmen dürfen, daß es irgendwas mit der bevorstehenden Präsentation des Pandämoniums beim Erzherzog zu tun hatte. P. D. Q. hatte bei zahlreichen Gelegenheiten seine Sorge über mögliche Nebenwirkungen geäußert, und wahrscheinlich ist es kein Zufall, daß er genau an dem Tag ging, an dem er hörte, der Bergpalast des Erzherzogs heiße ›Glaslusthaus‹. Zahnstocher machte mit seinen Plänen weiter, was jedoch bei der schließlichen Präsentation genau vorfiel, können wir nur mutmaßen, denn die Briefe an seinen Sohn hören mit dem Nachmittag seiner Ankunft im Palast unvermittelt auf. Mag der Hinweis auf den Umstand genügen, daß der am folgenden Tag niedergegangenen größten Lawine in der Geschichte Europas in diesem Zusammenhang besondere Bedeutung zuzukommen scheint.

Mit einem Gefühl aufrechten Bedauerns kommen wir zum Ende dieser bemerkenswerten Zusammenarbeit, denn Zahnstochers Briefe sind die einzigen Dokumente, die wir zu P. D. Q. Bachs täglichem Leben besitzen, und sie decken nur eine so kurze Zeit ab[1]. Gleichermaßen ist es wohltuend, einmal jemanden dazuhaben, der bereit war, P. D. Q. trotz seiner offensichtlichen Qualitäten zu nehmen, und vielleicht ist es auch dieser Zug von Mitgefühl (oder war es Einfühlung?), der Zahnstocher so sympathisch oder emphatisch[2] erscheinen läßt. Er war ein Mann von großer Neugierde und von einem gewissen rauen Witz, was seine Gegenwart zusammen mit seinem infektiösen Enthusiasmus zu einem Graus gemacht haben muß[3]; und doch sprach P. D. Q. in seinem späteren Leben immer herzlich von ihm, und es ist leicht zu erkennen, warum.

Ende Januar 1756 tauchte P. D. Q. in Salzburg auf, mit einem Empfehlungsschreiben an den ersten Geiger und Kapellmeister des Hoforchesters, Leopold Mozart. Die Bedeutung dieses Schreibens, das muß nicht gesagt werden, kann nicht unterschätzt werden, führte es doch zu dem historischen Zusammentreffen zwischen P. D. Q., der sich seinem 14. Geburtstag näherte, und Wolfgang Amadeus Mozart, der schon drei Tage alt war und soeben zu sprechen begann. P. D. Q. spürte sofort ein großes Talent in dem Jungen und riet dem Vater, ihn von früh an systematisch üben zu lassen, denn dann würde aus dem Knaben zweifellos einer der größten

---

1 Sein Sohn veröffentlichte die Briefe 1781, aber da er eine Art sozialer Aufsteiger war, »übertrug« er sie aus dem Sehrniederdeutschen* ins Altmittelbeinahhochdeutsche; glücklicherweise gelang es dem Autor des vorliegenden Buches, die Brieforiginale ausfindig zu machen, bevor sie vernichtet wurden. Er fand sie in der Verbrennungsanlage im Hinterhof von Like Zahnstocher aus Zap, North Dakota, der sie bereits verbrannt haben würde, hätte es nicht seit zehn Tagen geregnet, was sehr ungewöhnlich ist in Zap.

* Nicht zu verwechseln mit Derbdeutsch, das P. D. Q. selber in späteren Jahren sprach, wenn er es nicht jetzt schon tat; Derbdeutsch ist eine Form des Sehrniederdeutschen, das sich durch sein hinkendes Sprechmuster auszeichnet, charakteristisch für die, die verderbt sind.

2 oder einfach pathetisch

3 Nach dem Vorfall mit Fürst Ferdinand soll Zahnstocher gegrübelt haben: »Das ist paradox: Hat einer mal einen Finger gestreckt, kriegt er ihn nicht mehr krumm.«

Billardspieler aller Zeiten werden. Offenbar hat Leopold den Rat seines Gastes, der doch immerhin 23 Jahre jünger war, wie auch seinen Gast selbst nicht ernst genommen, denn, wie allgemein bekannt ist, erlaubte er, Leopold, seinem Sohn, mit Musik herumzududeln, so daß nolens volens das Billard verdrängt wurde; und doch, später in seinem, Wolfgangs, Leben, besaß er, Wolfgang, trotz seiner, de facto, Vernachlässigung seinen eigenen Billard-Tisch, und liebte, nach eigenem Eingeständnis, nichts mehr, als mit seinen Freunden ein Spiel zu spielen, während er gleichzeitig seine letzte Symphonie zu Ende schrieb, oder, wenn es gerade der Fall war, ein Quartett, oder was immer.

Auch wenn er anscheinend Salzburg gemocht hat[1], blieb P. D. Q. doch nicht lange dort; binnen weniger Monate erkannte er, daß der Mozartjunge ihn als Musiker bereits zu überstrahlen begann, und er verlor keine Zeit, zu trüberen Wassern aufzubrechen. Schließlich hatte er die ersten acht Jahre seines Lebens (und wie wichtig sind gerade diese Jahre!) im Schatten eines musikalischen Genies verbracht und war nicht gerade scharf darauf, diese Erfahrung zu wiederholen.

Unzweifelhaft kannte er den Ausspruch »Besser ein dicker Fisch im kleinen Teich als ein kleiner Fisch im großen Teich«, und die ersten 35 Jahre von P. D. Q. Bachs Leben können als Suche nach dem richtigen Teich angesehen werden, einem Pfuhl, klein genug, um ihn zu einem vergleichsweise fetten Fisch zu machen. Überraschenderweise hatte er am Ende

1 Jahre später sagte er zu einem Freund: »Anscheinend habe ich Salzburg gemocht.«

Erfolg mit seiner Suche, aber eine Erörterung des Ortes Wein-am-Rhein wäre hier sicherlich fehl am Platz und muß einem späteren Kapitel vorbehalten bleiben.

Nach Salzburg folgen wir P. D. Q.s Schritten, so gut wir eben können, geführt von kaum mehr als flüchtigen Fingerzeigen. Schon mit vierzehn Jahren war er ein gestandener Reisender und ein bemerkenswert unabhängiger und selbstgenügsamer junger Mann; er wanderte durch Europa und trat in und verließ verschiedene Städte, Schulen und Tätigkeiten. Sein Name erscheint 1757 auf einer Liste der Schüler der Auf-Immer-Hoch-Schule für Kastraten in Muhenbad, einer berühmten Akademie zur Übung junger Männer, die mittels Chirurgie dazu überredet worden waren, für den Rest ihres Lebens Sopran zu bleiben. P. D. Q.s Karriere an der Auf-Immer-Hoch-Schule war kurz – schließlich hatte er nicht die erforderliche anatomische Veränderung erfahren und war darum ein Betrüger; eine Notiz bei der Aufnahmeliste besagt, daß Farinelli, wahrscheinlich der größte Kastratensänger seiner Zeit, als er die Schule besuchte und den Chor hörte, sofort P. D. Q. aussonderte und bloßstellte. Der Junge wurde umgehend von der Schule gewiesen, wobei er sicherlich sein Gesicht verlor, im übrigen aber komplett blieb.

Irgendwann im Laufe der folgenden fünf Jahre ging er nach Dublin, um einen entfernten Vetter zu besuchen, der Künstler und Schriftsteller wie auch Musiker war, nämlich Schweinhard Bach. Ohne jeden Zweifel war es P. D. Q.s Absicht, seinen Vetter zu überreden, ihn als Lehrling aufzunehmen oder wenigstens eine Zeitlang unterzubringen, aber Schweinhard (oder »Piggy«, wie ihn alle, die ihn kannten, nannten) hatte selbst schon zuviel Probleme, um sich noch mit solch einem »schmuddligen Lümmel abzugeben, dessen Ohren ebenso groß wie ungelehrig sind, und dessen Vorstellung von Künstlertum ist, das Cembalo mit den Füßen zu spielen, und der die Regeln des Fingersatzes genauso vollkommen mißachtet wie die Regeln des Anstands.«[1] Der Dubliner Bach hatte zu seinem Libretto »Die Freuden Jakobs«[2] eine eigene Oper komponiert, die bei ihrer Aufführung zu einem ungeheuren Skandal führte; Vertreter sowohl des Stadtrats wie auch der Kirche beschrieben sie als »geeignet, die Wollust anzustacheln oder auf geschlechtlich unreine und lüsterne Gedanken zu bringen.« Verteidiger der Oper antworteten, daß diese die Zuhörer »zweifellos auf ihre Art erregt, keineswegs aber als Aphrodisiakum geeignet ist.«

---

1 Der Brief, aus dem dies Zitat stammt, war an Tobias Friedrich Bach gerichtet, einen anderen Vetter von P. D. Q., und er ist sehr bezeichnend, denn er fährt fort: »Man kann nur zweifeln, ob dieser jugendliche Übeltäter wirklich ein ECHTES UND VOLLES Mitglied der Familie Bach ist« [Hervorhebung vom Autor]. Wahrscheinlich ist dieser Brief Ursprung des Gerüchts, das bei den Nachkommen der Bach-Familie noch immer umgeht, daß P. D. Q. ein außereheliches Kind war. Auch wenn für diese Behauptung absolut kein Anspruch auf Wahrheit besteht, ist doch der Eifer, mit dem sie verbreitet und in der Bach-Familie akzeptiert wird, nicht weiter überraschend, da sie, wäre sie wahr, wenigstens ein wenig der Verantwortung entheben würde, einen Komponisten hervorgebracht zu haben, den sein Bruder Christian »einen Pickel auf dem Antlitz der Musik« genannt hat.

2 JAMES'S JOYS

Da die Möglichkeiten, außerhalb des Hofs eine anrüchige Oper zu sehen, sehr selten waren, sorgten auch die obrigkeits- und kirchentreuen Dubliner dafür, daß sie sie wenigstens zwei-, dreimal sehen konnten, »um den ersten Eindruck zu erhärten und somit einer eventuell auf vorschnelle Urteile gegründeten, ungerechtfertigten Zensur vorzubeugen.« Die Kräfte der Rechtlichkeit gewannen schließlich, indem sie Feuer im Theater legten, aber bis dahin hatte Piggy schon genug Geld gemacht, um in Italien ein Herzogtum zu erwerben. Hier verbrachte er den Rest seines Lebens und erfreute sich der Vorrechte des Adels; er stellte eine Reihe von Radierungen her, die kürzlich bei der Beschlagnahme der ehemaligen Bibliothek von König Faruk wiederentdeckt wurden.
Obwohl Piggy Bach bestritt, mit P. D. Q. Bach zu tun gehabt zu haben, sind doch die Gemeinsamkeiten der beiden Verwandten stärker als die Unterschiede. »Erregend« ist das Wort, das oft zur Beschreibung von P. D. Q.s Musik benutzt wurde, und die Titel verschiedener Werke P. D. Q. Bachs, wie z. B. »Serenackte« und »Pervertimento«, deuten an, daß die außermusikalischen Interessen ihres Komponisten nicht völlig verschieden waren von denen seines Dubliner Angehörigen[1]. Beide Bachs waren Abtrünnige, wenn Piggy auch versuchte und in einem gewissen Maß erreichte, in guter Beziehung zum Rest der Familie zu stehen (wie Johann Christian trat er zum Katholizismus über, und es ist kein Zufall, daß er den Ort, wo er den Rest seines Lebens verbringen wollte, in

1 Bei diesem Vergleich sehen wir natürlich, zumindest musikalisch, in die Zukunft, auf den P. D. Q. Bach der 1780er; der P. D. Q. Bach der 1760er hatte das Komponieren noch nicht begonnen.

Italien und nicht in Deutschland wählte)[1]. Auch Piggy war krankhaft faul und benutzte arbeitsparende Geräte, die denen sehr ähnelten, die P. D. Q. Jahre später verwendete. Letztendlich liebte Piggy Essen und Trinken, wie er einmal sagte, »sogar mehr als Kunst, da gibt's echt keinen Vergleich«[2]. Ob dies in der Zeit ihres Treffens bereits eine Gemeinsamkeit war oder ein Einfluß für P. D. Q., ist schwer zu beurteilen, aber 1780 war die ästhetische Auffassung der beiden Männer faktisch identisch.

Einige Zeit, nachdem er Dublin verlassen hatte, ging P. D. Q. nach London, um seinen Bruder Johann Christian Bach zu besuchen. Man möchte meinen, die beiden Brüder hätten einander nahegestanden[3], waren sie doch die beiden jüngsten Söhne von Johann Sebastian Bach, aber um nach einer Kritzelei auf einer von P. D. Q.s Sudelbuchseiten zu urteilen, die seinen Bruder am Galgen zeigt[4], empfand

1 Nach dem Tod von Papst Clemens XIV. 1769 reiste er nach Rom und startete eine Einschreibungskampagne im Kardinalskolleg, weil er plante, »Pope Alexander« zu werden, nach seinem Idol Alexander Pope. Die Kardinäle allerdings waren empört über die BACH FOR POPE-Sticker und -T-Shirts, die er ihnen schickte, und als er LET'S PUT BACH IN THE BASILICA-Plakate über den ganzen Petersplatz klebte, erließen sie gemeinsam die Bulle »Mirabilis facta est hutzpa tua« (»Euer Chuzpe ist verwunderlich«) und befahlen ihm, die Stadt zu verlassen.

2 Später erweiterte er seine Stellungnahme dahingehend: »Das ist das Problem der Kunst: Man kann sie nicht trinken.«

3 wenn auch nicht so nah wie P. D. Q. und Regine Susanna, die mit ca. einem Monat Abstand geboren wurden.

4 die auf S. 192 abgedruckt ist und natürlich aus viel späteren Jahren stammt.

P. D. Q. noch mehr Feindseligkeit gegenüber J. C. als gegenüber J. S. und C. P. E., um von J. C. F. gar nicht zu sprechen[1]. Es war Johann Christian, der den Begriff »Composteur« zur Beschreibung seines jüngeren Bruders prägte, und wenn er P. D. Q. auch (gegen Geld) erlaubte, in seinem Haus zu bleiben, bestand er doch darauf, daß »der Kleine« den Dienstbotenausgang benutzte.

Abgesehen von wenigen verstreuten Fakten wissen wir herzlich wenig über P. D. Q.s Aufenthalt in London. Wir haben ihn wirklich vollkommen aus dem Blickfeld verloren, bis er vor dem Haus des Leonhard Sigismund Dietrich Bach aufkreuzt, der, in St. Petersburg wohnhaft, wohl P. D. Q.s entferntester Verwandter war. L. S. D. Bach war soeben von einer Reise nach Amerika zurückgekehrt, zu deren Höhepunkten die Vorführung der Glasharmonika durch ihren Erfinder Benjamin Franklin zählte. Es ist bekannt, daß man einen Ton erzeugen kann, indem man mit einem nassen Finger über den Rand eines Trinkglases fährt; Franklin machte dies Phänomen für den musikalischen Gebrauch nutzbar durch die Entwicklung eines Mechanismus', der den Rand von in einer Reihe montierten Gläsern feucht hielt; dies Instrument erfreute sich großer Beliebtheit in Europa. Mozart, Beethoven und Padre Martini gehörten zu den zahlreichen Komponisten, die dafür schrieben. Als P. D. Q. auf der Bildfläche erschien, hatte Leonhard gerade den Bau eines eigenen Exemplars beendet und erprobte eine neue Idee, die, da war er sicher, die Tonqualität erhöhen würde: Wein statt Wasser zur Befeuchtung der Gläser. Am Ende räumte er ein, daß es keinen hörbaren Unterschied gebe – aber erst nachdem

1 was eh niemand tut.

er mit P. D. Q. 57 Weine verschiedener Jahrgänge und Anbaugebiete ausprobiert hatte. Ganz abgesehen davon, daß das recht teuer war, hatte die Verwendung von Wein den zusätzlichen Nachteil, den Spieler zu verführen, sich häufig die Finger zu lecken, eine für die Bedienung des Instruments unnötige Bewegung, die normalerweise auf Kosten einiger Noten geht.

P. D. Q. muß angenehm überrascht gewesen sein über den herzlichen Empfang in St. Petersburg, doch als Leonhard ausnüchterte, wurde er spürbar weniger liebenswürdig[1]. Der letzte Ausweg war eine Entwicklung, die uns einen der raren Blicke in P. D. Q.s amouröse Biographie einbringt. Leonhard hatte eine Tochter namens Betty-Sue, die noch nicht ganz vierzehn war, und P. D. Q. wurde die Aufgabe zuteil, sie am Klavier zu unterrichten. Augenscheinlich fand der Unterricht gleichermaßen unter, auf und am Klavier statt, und als Betty-Sue begann, Symptome morgendlicher Übelkeit zu zeigen, begann der Vater, nach seinem Gewehr zu suchen, das er allerdings nicht früh genug fand, um P. D. Q. von einem der hastigsten Aufbrüche in einem Leben voll hastiger Aufbrüche abzuhalten.

Nach St. Petersburg unternahm P. D. Q. nie wieder irgendeinen Versuch, Hilfe von oder gar Kontakt mit seiner Familie zu suchen, sehr zur Erleichterung der letzteren, deren Gefühle für ihn von einem anderen Vetter, Peter Ulrich Bach[2], deut-

1 Eine Tatsache, die P. D. Q. tief beeindruckte.

2 Nachdem er in Mausendorf lebte, nur wenige Meilen von Dudeldorf entfernt, hatte P. U. wahrscheinlich mehr Kontakt mit P. D. Q. als die meisten Mitglieder der Familie.

lich ausgesprochen wurden; 1755 schrieb Peter Ulrich an Carl Philipp Emmanuel: »Wie bestimmte Krankheiten taucht P. D. Q. immer wieder auf und verursacht mit jedem Erscheinen zunehmend akute Übelkeit.«

Es dürfte ohne Zweifel auch dem oberflächlichsten Leser bewußt geworden sein, daß das Gelübde musikalischer Abstinenz, das er im Alter von drei Jahren abgelegt hatte, bis zu dieser Zeit von P. D. Q. in keiner Weise streng beachtet worden ist; jedoch geht aus einigen Zahnstocherschen Hinweisen hervor, daß er es keineswegs völlig vergessen hatte. Doch obgleich er immer und immer wieder zusah, sich aus allen musikalischen Bemühungen herauszuhalten, konnte er doch dem Sirenengesang der heiligen Caecilia nicht mehr widerstehen, als er der Versuchung hatte widerstehen können, bei seinen Verwandten trotz ihrer offenen Feindseligkeit hereinzuschneien. Selbstverständlich besteht eine enge Verbindung zwischen den beiden Dingen, gegen die er anzukämpfen hatte; da während des 17. und 18. Jahrhunderts der Name Bach gleichbedeutend war mit Musik, waren P. D. Q.s gemischte Gefühle für seine Familie natürlich begleitet von gemischten Gefühlen gegenüber ihrer Kunst. Und doch war es vielleicht gerade dieser Konflikt, der P. D. Q. in seinen frühen Jahren den Fundus an Energie gab, der ihm in den Jahren der Reife so bemerkenswert abgeht, und der ihn doch befähigte, seine Trägheit bis zu einem gewissen Maße zu überwinden; immerhin arbeitete er mit Zahnstocher und reiste durch ganz Europa, während er doch mit Leichtigkeit auch im Armenhaus seine Tage gefristet haben könnte. Denn wie Jung sagt:

Wie alle Energie aus dem Gegensatz hervorgeht, so besitzt auch die Seele ihre innere »Polarität« als unabdingbare Vor-

aussetzung ihrer Lebendigkeit, wie schon Heraklit erkannt hat. Theoretisch sowohl wie praktisch ist sie allem Lebendigen inhaerent. Dieser mächtigen Bedingung steht die leicht zerbrechliche Einheit des Ich gegenüber, die nur mit Hilfe unzähliger Schutzmaßnahmen allmählich im Laufe der Jahrtausende zustandegekommen ist.[1]

Diesem Gedanken folgend gelangen wir zu der Feststellung, daß die Einheit des Ich in den 1760er Jahren zwei Jahrhunderte jünger war als heute; das heißt, verglichen mit Jungs Ich, das als leicht zerbrechlich beschrieben wird, fehlten ihm die Schutzmaßnahmen im Wert von zweihundert Jahren. Da kann es nicht weiter überraschen, daß P. D. Q. Bach Probleme mit der Einheit SEINES Ich hatte, und daß er nach über zwanzig Jahren tiefen, inneren, halbherzigen Kampfes endlich beschloß, seine Familie fallenzulassen und für ein zweites Mal in seinem Leben die Musik aufzugeben. Er hielt den ersten dieser Beschlüsse für den Rest seines Lebens aufrecht, und den zweiten für länger als zehn Jahre. Von der Zeit, als er St. Petersburg verließ, bis zu seiner Ankunft in Wien 1777 bewegte er sich, wenn er sich mal bewegte, in völlig anderen Kreisen und verbrachte seine Zeit entweder in vollkommener Zurückgezogenheit oder unter Analphabeten, mit dem unvermeidlichen Ergebnis, daß das nächste Kapitel sehr kurz ausfällt.

1 »Erinnerungen, Träume, Gedanken«, 1984, S. 348

3
DIE VERLORENEN JAHRE (1766–1777)

Sind unsere Kenntnisse von P. D. Q. Bach aus den 16 Jahren vor 1766 auch zugegebenermaßen mager, nehmen sie sich doch wie ein stolzer Gipfel des Himalaja aus, vergleicht man sie mit dem diminutiven Maulwurfshügel unserer Informationen über P. D. Q. Bach aus den elf Jahren nach 1766. Nachdem er entschieden hatte, die Gängelbänder ein für allemal zu kappen, trieb P. D. Q. noch zielloser als zuvor stromab, die Scylla und Charybdis von Familie und Musik weit hinter sich lassend und in gesegneter Unkenntnis der Tatsache verbleibend, daß er eines Tages lachsgleich an die oberen Ufer seines Bewußtseinsstroms zurückkehren würde, dann allerdings hoffnungslos im orphischen Strudel versunken, an dessen Rand er sich zweimal hatte freischwimmen können.

Das meiste, was wir aus dieser Zeit wissen, gründet sich auf das, was P. D. Q. in seinem späteren Leben sagte oder schrieb, und muß aus naheliegenden Gründen mit einem Haufen Salz genommen werden. Obwohl er durchaus empfand, daß Melodielinien nicht allzusehr verziert werden sollten, hatte er bei der Wahrheit solche Skrupel nicht, und wir würden uns nicht so sehr auf ihn berufen, wenn uns andere Quellen zur Verfügung ständen. Zum Beispiel scheint es unwahrscheinlich, er habe Katharina die Große gekannt, bevor sie groß wurde, das heißt, als sie noch die deutsche Prinzessin von Anhalt-Zerbst war, und doch nahm er für sich in Anspruch, daß er auf der

Grundlage »einer langanhaltenden Bekanntschaft von beachtlicher Herzlichkeit« die Kaiserin vor seiner Abreise aus St. Petersburg besucht und sie um Hilfe gebeten habe bei seiner Suche nach einer Anstellung. Wenn die »Bekanntschaft« wirklich bestand, dann war sie eindeutig nicht so herzlich wie P. D. Q. zu glauben liebte, denn das folgende Jahr verbrachte er als Wolga-Schiffer[1]. Diese Tätigkeit kam zu ihrem Ende, als er einschlief – er hatte sich für einen kurzen Nicker auf ein Floß gelegt, das sich von der Vertauung löste – und mitten im Kaspischen Meer wieder aufwachte. Er schaffte es schließlich bis in die Türkei zu kommen, wo er bei einem orientalischen Teppichknüpfer als Hilfsanscherer Arbeit fand und es bis zur Position eines Haupteinschießers brachte.

Manche der Kompositionen des P. D. Q. zeugen von dem tiefen Eindruck, den der Nahe Osten auf ihn machte, auch wenn sie viele Jahre später geschrieben wurden. Der dritte Satz seines »Pervertimento« mit dem Titel »Minarett und Trio«, der Gebrauch der Doppelrohrblatt-Huka im »Barbier in Zivil« sowie die bis dato unentdeckte liturgische Arbeit, die ihrem Komponisten so viele Schwierigkeiten sowohl von protestantischen wie von katholischen Machthabern einbrachte, die »Messe in A-llah« – dies sind nur wenige der wenigen

---

1 Ebenso behauptete er, mit einem Arbeitskumpan das berühmte »Wolgaschiffer-Lied« komponiert zu haben, doch da wir eindeutig wissen, daß er unfähig war, einen Ton zu halten, und kein Wort russisch sprach, ist der einzige Part, den er komponiert haben könnte, das Brummen am Ende jeder Phrase, ein Beitrag, der nicht bedeutend genug erscheint, um das Lied zur Aufnahme in P. D. Q.s OPERA zu berechtigen, auch wenn er die Melodie als Thema in der »Fuga volgare« seiner »Tuut-Suite« benutzte.

Anzeichen orientalischer Orientierung in den im übrigen westlichen Strukturen in P. D. Q. Bachs Partituren.

Abgesehen von seinem Versuch, bei dem er beinahe ertrank, den Hellespond zu durchplantschen, wissen wir nichts von P. D. Q.s Aufenthalt in der Türkei. Er endete, als er außer Atem auf einem böhmischen Handelssegler als Matrose anheuerte, nachdem er den beinah tödlichen Fehler begangen hatte, in den Harem eines ungewöhnlich boshaften und wachsamen Sultans einzudringen, dessen amouröse Schwächen ihm den Titel »Großer Impotentat« eingebracht hatten. In den nächsten paar Jahren berührte P. D. Q. offenbar die Küste eines jeden Landes am Mittelmeer einschließlich Böhmens. Doch es gab zwei Erschwernisse in seinem neuen Leben: Die Arbeit war hart, und er wurde nicht seefest. Folglich sprang er in Marseille von Bord und verbrachte einige Zeit in der »entzückenden«, nahe gelegenen Stadt Bordelleaux. Nach ein paar Monaten wurde er der »Rhone-Maiden«, wie er sie nannte, überdrüssig und zog über die Pyrenäen nach Spanien, wo er eine der überraschensten Entscheidungen seines Lebens traf. In einem seiner seltenen Briefe an einen Dudeldorfer Freund verkündet P. D. Q. seine Absicht, in Spanien zu bleiben:

Die Atmosphäre in diesem Lande ist eine der Gelassenheit, beinahe Trägheit, und das liegt, wie du ja weißt, meiner Natur. Der Frieden, den ich hier gefunden habe, reicht bis in meine Seele, und ich bin tatsächlich dem Vorbild meines Bruders Christian und meines Vetters Piggy gefolgt und in die Kirche von Rom eingetreten, in welchem Belange die Spanier von zwingender Überzeugungskraft sind. Wie ich denn meinen Leib nach Jahren des Wanderns und Werkens zur Ruhe gebracht habe, so habe ich beschlossen, auch meine Seele zur Ruhe zu bringen, und um dieses hehre Ziel zu erreichen, muß ich mich abwenden von der weltlichen Welt – nächste Woche trete ich in einen geistlichen Orden ein, um den Rest meiner Tage in einem Kloster am Ebro zu verbringen.

Die Nachricht, daß P. D. Q. den heiligen Auftrag auf sich nahm, war natürlich DIE große Überraschung für seine Familie, hatte er als Kind doch niemals irgendeinen Auftrag von jemand anderem annehmen wollen[1]; es wurde aber bald klar, daß das »Kloster am Ebro« nicht ein Mönchskloster, sondern ein Nonnenkloster war, und P. D. Q. sah sich trotz der Bitten seiner Zellengefährtinnen ein weiteres Mal zu einem hastigen Aufbruch genötigt[2]. Obwohl dieses geweihte Zwischenspiel ein typisch profanes Ende nahm, blieb P. D. Q. noch viele Jahre lang Katholik – bis zu seiner Exkommunikation.

Im Herbst 1777 schließlich befand sich P. D. Q. in Wien. Ob seine Anwesenheit dort purer Zufall war oder durch ein unterbewußtes Bedürfnis begründet, sich ein weiteres Mal mit Musik zu umgeben, können wir nicht sagen, aber bald nach seiner Ankunft, trotz des Gelübdes, das er über zehn Jahre lang so treu beachtet hatte, trieb ihn der Name seiner Familie zurück zur Kunst seiner Familie, dieses Mal mit Ergebnissen, die beides zu ruinieren drohten.

---

1 außer, als er Kellner in einem Leipziger Café war, und auch dort nur mit Murren.

2 Als seine Familie die ganze Wahrheit erfahren hatte, schrieb Piggy an Johann Christian: »Ich wußte doch gleich, daß an der Bekehrung Deines Bruders etwas nicht stimmte – glaube mir, wäre ich zum Papst gewählt worden, hätte das nicht passieren können.«

4.
DIE WENDE
(1777)

Es steht wohl fest, daß P. D. Q, nicht bewußt daran dachte, die Musik wieder aufzunehmen, als er in Wien eintraf; tatsächlich ist es unwahrscheinlich, daß er überhaupt irgendwelche bewußten Gedanken hatte, da er nach eigener Aussage in den ersten zwei Wochen seines Aufenthalts noch von ebroischer Trunkenheit erfüllt war. Hatte er sich anfangs »jener Alchemie« hingegeben, »durch die hartes Bares in weiches Flüssiges von solch potenter Solvabilität wird, daß selbst der Insolvente dissolut wird“, so beschloß er nun eines Morgens, auszunüchtern und sich eine Möglichkeit auszudenken, »ein Minimum an Aufwand in ein Maximum an Geld umzuwandeln«. An diesem Vormittag griff die Hand des Schicksals ein.

Und zwar in Person des Johann Christoph Kittel, mit dem P. D. Q. in einem Café eine Unterhaltung begonnen hatte, weil er sich nicht mehr erinnern konnte, wo er dies ärgerlich bekannte Gesicht schon mal gesehen hatte; als P. D. Q. seinen Namen nannte, fragte Kittel: »Sind Sie zufälligerweise mit den Musikern Bach verwandt?«, und als P. D. Q. sich näher identifizierte, sprang Kittel von seinem Stuhl auf und rief: »Ja Donnerwetter! Ich habe mit Ihrem Vater studiert! Doch – ich erinnere mich an Sie – Sie waren der kleine Junge, der ohne Namen herumlief!« Im Verlauf ihres Gesprächs sagte Kittel, er sei Organist in Erfurt, und er habe in Wien mit dem Baron

Gottfried van Swieten geschäftlich zu tun, »ein Geschäft, das gerade auch Sie interessieren könnte, Herr Bach, es hat nämlich mit Ihrem grob und zu Unrecht vernachlässigten Vater zu tun.«

Baron van Swieten, der soeben Direktor der Kaiserlichen Hofbücherei geworden war, hatte vorher sieben Jahre am Preußischen Hof in Berlin als CHARGÉ D'AFFAIRES verbracht. Durch Friedrich den Großen persönlich (der das Thema zu »Das musikalische Opfer« geliefert hat) hatte der Baron zum ersten Mal von Johann Sebastian Bachs Größe gehört, dessen Musik, 27 Jahre nach seinem Tod, fast völlig ungespielt und unbekannt war. Die Neugierde des Barons schlug in Begeisterung um, als er ein paar von des Meisters Werken erstand, und als er nach Wien umsiedelte, hatte er zumindest von den Werken für Klavier eine beachtliche Sammlung, die er trotz seines Geizes zielstrebig zu erweitern suchte[1]. Dies war natürlich der Grund für Kittels Besuch in Wien; er erzählte P. D. Q., er sei »zufällig in den Besitz einiger Werke Ihres Vaters gekommen, während ich mit ihm studierte, Gott bewahre seine Seele, und ich dachte, daß sie soviel sicherer in der Bibliothek des Barons lägen als bei mir zu Hause, wo sie notgedrungen den Gefahren des Feuers, meinen Kindern und dem Hund ausgesetzt sind.« Er vergaß zu erwähnen, daß ihn der Baron handfest für die Manuskripte bezahlte, aber das war nicht nötig; P. D. Q.s Verstand, wenn auch noch leicht benebelt, hatte mit Blick auf das eigene finanzielle Wohlergehen die Zusammenhänge der Situation erfaßt.

1 Für eine interessante, aber vollkommen unglaubwürdige Erklärung dieses Geizes vgl. Lars Sorensen, »Frühe Forschungen im Yukon-Gebiet«, London 1911

So kam es, daß P. D. Q. sich entschloß, sein Familien-Erbstück zum Verkauf anzubieten, das einzige materielle Erbe, das er von seinem Vater erhalten hatte, das letzte physische Überbleibsel seines Lebens in Leipzig: das Kazoo, das er über ein Vierteljahrhundert oft als einzige Habe mit sich getragen hatte. Wenn van Swieten tatsächlich Sebastian Bach so sehr verehrte, wie Kittel behauptete, würde er wohl unzweifelhaft einen hübschen Heller zahlen für ein Instrument, das aller Wahrscheinlichkeit nach die Lippen des großen Bach selbst berührt hatten, und (muß P. D. Q. überlegt haben) es könnte sogar möglich sein, ihm einzureden, daß verschiedene andere neuerlich erstandene Gerätschaften aus seinem Besitz tatsächlich auch zum Haushalt in Leipzig gehört hätten. Kittel erbot sich, P. D. Q. am folgenden Sonntag zum Haus des Barons mitzunehmen; van Swieten hatte eine kleine Gruppe von Musikern und Kennern eingeladen, ihm Gesellschaft zu leisten bei der Lektüre Bachscher und Händelscher Musik aus seiner Sammlung, ein musikalischer Nachmittag, der später eine wöchentliche Einrichtung werden sollte. Just durch diese Einrichtung stieß fünf Jahre später Wolfgang Amadeus Mozart, der damals schon die Idee einer Karriere im Billard fahrengelassen hatte, zufällig zum ersten Mal auf die Musik von Johann Sebastian Bach in größeren Mengen, was zu einer ähnlich heftigen schöpferischen Krise wie der führte, die P. D. Q. Bach soeben selber durchmachte.

Am Abend dieses schicksalvollen Sonntags, des 2. Dezembers 1777, schrieb Baron van Swieten einen Brief an König Friedrich und berichtete von den Erlebnissen des Nachmittags. Nach den üblichen schmeichelhaften Anredensarten kommt der Baron auf der dritten Seite unten zur Beschreibung seiner Erfahrungen:

Der Grund, daß dieser Brief seinem Vorgänger so hart auf den Fersen folgt, ist in einem Treffen zu finden, das ich heute hatte, ein so außergewöhnliches Treffen, daß ich fühlte, ich müsse seine Einzelheiten unmittelbar festhalten, aus Angst, ich könnte später an meiner Erinnerung zweifeln. Ich hatte eine kleine Versammlung von Musikern und gebildeten Personen einberufen zu dem Zweck, sie mit den musikalischen Wundern bekannt zu machen, zu denen Euer Hoheit mich so weise und großzügig geführt und die mich während der vergangenen Jahre mit so großer Bewunderung, ja Freude erfüllt haben; ich spreche natürlich von den Werken Johann Sebastian Bachs. Einer der Gäste war ein gewisser Kittel, der mit Bach in Leipzig studierte, und von dem ich im Begriffe bin, einige Bach-Manuskripte zu erhandeln. Dieser Kittel gab bei seiner Ankunft bekannt, er habe jemanden recht besonderes mitgebracht: den jüngsten Sohn Sebastian Bachs, sogar jünger als der englische Bach, wirklich das Letzte von den Bach-Kindern. Ein Ausdruck der Überraschung entwich den Lippen der Anwesenden; warum hatte niemand von uns von diesem P. D. Q. gehört (Ich weiß noch immer nicht, wofür diese Initiale stehen)? Schreibt auch er Musik? Sicherlich muß er – warum aber ist er dann unbekannt geblieben, während seine Brüder zu den gelehrtesten Musikern in ganz Europa zählen? Während wir uns Spekulationen dieser Art überließen, bemerkten wir, daß die einzige Person, die unsere Fragen beantworten konnte, draußen in der Entree stand und wartete, hereingebeten zu werden, und ich schickte mit einem starken Gefühl von Vorfreude einen Diener, ihn zu holen. Gerade als der Diener ging, trat Kittel, der trotz seiner interessanten Neuigkeit etwas peinlich Berührtes an sich hatte, vor und sagte: »Vielleicht sollte ich erwähnen, Euer Grafschaft, daß Herr Bach beim Durchqueren des Hofs das Mißgeschick hatte, in einen der Springbrunnen zu fallen.«

Ich bezweifle, Euer Hoheit, daß ich jemals wieder zum Zeugen eines solchen Anblicks werde wie der, der sich meinen Augen bot, als die Türen geöffnet wurden. In einem Pfuhl, der schon zu breit war, um darüber hinwegzuschreiten und der noch anwuchs, bedeckt von Kopf bis Fuß mit Schlamm (die Springbrunnen sind von meinem Vorgänger nicht ordentlich gepflegt worden), stand ein Mann von durchschnittlicher Größe und, soweit man das sagen konnte, unauffälliger, vielleicht sogar gesichtsloser Erscheinung. Er war ziemlich schwerfällig und schien nicht geneigt, sich zu bewegen. Seine Kleidung hätte viel mehr als nur ein Abspritzen nötig gehabt, um sauber zu werden, und die Strähnen seiner Perücke hatten sich geglättet und hingen auf seinen Schultern, so daß er aussah wie eine gestrandete Meerjungfrau. Lange stand er bloß da, in der einen Hand einen kleinen Kasten, in der anderen einen Frosch, bis schließlich – wir anderen waren gleichermaßen unfähig, zu sprechen oder uns zu rühren, so tief war unser Erstaunen – die Gräfin von Schrumpfennase in Ohnmacht fiel; sie entging ernsthaften Verletzungen nur knapp, im Gegensatz von Joseph Sägens Violine.

Die Gräfin hatte vor meinem zweimanualigen Cembalo gestanden, so daß es erst durch ihren Fall für unseren Besucher sichtbar wurde; im Moment, da er seine Augen darauf richtete, erstarrte dieser Bach, der bis dahin lediglich bewegungslos gewesen war. Der Unterschied war zunächst nicht wahrzunehmen, doch nach und nach weiteten sich seine Augen, er ließ den Frosch fallen und begann, mit langsamen, klitschigen Schritten auf das Cembalo zuzugehen. Sägen war dahin zur Gräfin geeilt und versuchte gerade, die Reste seiner

Geige unter ihr hervorzuziehen, ohne irgend etwas zu tun, das im Falle ihres plötzlichen Wiedererwachens mißverstanden werden könnte, als Bach, völlig blind für alles um ihn herum, über ihren schlaffen Körper trat und sie so durchnäßte, daß sie doch aufwachte und sofort den armen Sägen ohrfeigte, der mit einem kleinen Teil seiner Violine unter dem Arm in die andere Hälfte des Zimmers retirierte.

An seinem Ziel angekommen, zog dieser Sohn des vollkommensten Musikers, den es je gab, seit Orpheus auf die Tasten blickte, die Sitzbank vor und setzte sich. Die Augen aller im Raum, auch die der Gräfin, waren auf ihn gerichtet, und Euer Hoheit können sich unsere Überraschung vorstellen, als er sich daran machte, Schuhe und Socken abzustreifen und, zu meinem hellen Entsetzen, mit den Füßen zu spielen begann und mein erlesenes Cembalo behandelte, als sei es ein störrisches Reitpferd, das das harmonische Weideland der Musik nur mit Sträuben gegen das wirre Gestrüpp der Kakophonie vertauscht, weil es keine Kraft hat, dem Drängen seines kranken Herrn zu widerstehen.

Der Kontrapunkt zielloser Töne und tropfenden Wassers verletzte meine Ohren derart, daß er mich aus der Erstarrung schreckte, die mich bewegungs- und sprachlos und ungläubig hielt für eine Zeit, die mir wie Stunden schien; ich nahm meine Sinne zusammen und schickte nach meinem Chef-Rausschmeißer Muskelberg, worauf ich mich mit Kittel, Sägen und den anderen anschickte, gemeinsam die Gräfin auf die Füße zu stellen. Das erwies sich, wie die Gräfin selbst, als ein Werk von beachtlichen Ausmaßen und erforderte so viel Anstrengung und Konzentration, daß keiner von uns bemerkte, daß die Musik – welchen Begriff ich der Tatsache zum Trotz gebrauche, daß er meinen Anspruch, einen wahrheitsgemä-

ßen Bericht zu geben, Lügen straft – die Musik also aufgehört hatte; als Muskelberg eintraf und die Gräfin auf einer Couch saß, wurde mir mit einem Mal die Stille im Raum bewußt. Ich blickte mich um, Muskelberg seine Arbeit zuzuweisen, und konnte nur feststellen, daß unser Besucher die Arbeit schon von allein erledigt hatte; das Cembalo lag am Boden, seine Beine waren geborsten, die Bank war leer, und eine Bahn von Wasser führte zu den geöffneten Fenstern. Herr Bach hatte offensichtlich vergessen, daß er sich im zweiten Stock befand – aller Efeu zwischen Fenster und Boden war von der Wand gerissen und lag als Haufen unten im Garten, einen kleinen Krater im Dreck beinahe, aber nicht gänzlich verdeckend; Bach selbst war aber nirgends zu sehen, und ich fürchte, nein hoffe, ihn zum letzten Mal gesehen zu haben.

Ich habe Euer Hoheit wohl zuviel von Seiner teuren Zeit geraubt, aber ich dachte, es würde Euch ebenso interessieren zu sehen, wie aus Komponisten Kompost werden kann, wie es auch war; Ihr könnt versichert sein, daß meine Erforschungen in der Musik des olympischen Bach dennoch unerschüttert fortgesetzt werden, denn die Bedeutungslosigkeit des Maulwurfshügels dient allein der Vergrößerung von des Berges Erhabenheit.

In Eile, doch mit allem schuldigen Respekt geschrieben, und mit Entschuldigungen für alles, was Eure Hoheit verstört haben könnte, verbleibe ich

Ew ergb & demtg Dnr

Baron Gottfried van Swieten

Ich habe diesen Brief in seiner Vollständigkeit wiedergegeben, weil er nicht nur eine sehr klare Vorstellung von genau dem vermittelt, was an P. D. Q. Bach solch einen starken Eindruck auf die Leute machte, sondern weil er auch einen der wichtigsten Wendepunkte in seinem Leben bezeichnet. Man kann nicht umhin festzuhalten, was für eine Wirkung der Anblick eines Cembalos nach elf Jahren kunstlosen Wanderns auf P. D. Q. hatte, wie man auch nicht umhin kann, beeindruckt zu sein von der geballten Konzentration, derer er trotz seines Mangels an Disziplin fähig war; nach Aussage des Barons war er »völlig blind für alles um ihn herum« von dem Moment an, da er das Instrument sah, bis, möchte man meinen, zu dem, wo es zusammenbrach, zu welchem Zeitpunkt sein Verstand binnen Sekunden wieder zum praktischen Alltagsleben zurückgekehrt sein muß.

In einem Brief an seinen Dudeldorfer Freund beschreibt P. D. Q. den Besuch bei van Swieten als »Offenbarung«, denn »ich begriff plötzlich: während ich über die Ufer der Wolga stolperte und mich sechzehn Stunden am Tag in der türkischen Hitze verstrickte und über das Deck dieses verkommenen Schiffs stakste, kurz, während ich meine Gesundheit ruinierte und meine natürliche Veranlagung durch Arbeiten verleugnete, saßen meine Brüder lässig herum und hauten hin und wieder ein Stück aufs Papier, nichts Kompliziertes – jahrelang habe ich mich gegen alles aufgelehnt, was für meine Familie steht, aber seit mir klar wurde, daß sie einen der leichtesten Wege, das Leben zu bestreiten, für sich monopolisiert hat, scheint die Auflehnung nicht mehr der Mühe wert zu sein.«

Als Ergebnis dieser Überlegungen begann P. D. Q. Bach, Musik zu schreiben, wohl zum ersten Mal in seinem Leben. Er war 35 Jahre alt, das Alter, in dem Mozart starb[1], und er hatte

1 Vgl. »Baker's Biographical Dictionary of Musicians«, New York, 4. Auflage 1940

sich, soweit wir wissen, seit seinem 22. Lebensjahr in keiner Hinsicht mehr mit Musik befaßt. Er hatte ein gutes Ohr, aber das andere war absolut schaurig, und jede Darstellung seines Lebens, die die Erwähnung der Tatsache unterläßt, daß eines seiner Ohren leicht spitzig war, müßte als wirklich mangelhaft angesehen werden. Nie genoß er irgendeinen geregelten Musikunterricht, und die wenigen Musiker, mit denen er nach seinem achten Lebensjahr in Berührung kam, waren entweder Eigenbrötler oder ihm gegenüber geradezu feindselig. All das kommt in seiner Musik zum Ausdruck. Doch die größere Frage bleibt ohne Antwort: Wurde der Geist, der den musikalischen Stil formte, seinerseits durch die hier aufgezeichneten formenden Jahre geformt, oder wurde das Wesen dieser formenden Jahre durch den Geist geformt, der den musikalischen Stil formte? Der Autor versteht nicht viel von Psychologie, aber er weiß, was ihm gefällt und seine Antwort auf diese Frage ist unmißverständlich: Es kommt ganz drauf an, wie man es sieht. Zuerst muß man seine Begriffe definieren. Was heißt zum Beispiel »formen«? Meint es »formen« im Sinn von »formulieren« oder im Sinn von »prägen«? Das letztere schließt eine unbewußte Kausalität ein, wogegen das erstere (und was soll das sein? Hat das eine Prägung hinterlassen?) eine bewußte geistige Übung einbegreift, eine Fähigkeit, zu der imstande zu sein (und hier stehen wir wiederum vor einer breiten Skala von Bedeutungen, was diesmal nicht an der Vagheit der Form liegt: im Stande oder imstande, setzt doch im Stand zu spielen noch lange nicht instand, imstande zu sein, und instandgesetzt sollten die Instrumente schließlich schon vorher sein; und aus dem Stand zu spielen wäre eine weitere Variante, die auch im Sitzen praktiziert werden kann etc.) man von zeitlichen Einheiten wie Jahren nie behaupten kann. Des weiteren ist das gesamte Problem Erbanlage versus Umwelt noch nicht erschöpfend behandelt worden in bezug auf kompositorischen Stil im Gegensatz zu der beachtlichen Aufmerksamkeit, die es unter den Händen der Wissenschaftler gefunden hat, die sich nur für die Grundprobleme mensch-

II

P. D. Q. BACH UND SEINE WELT

EIN ESSAY IN BILDERN

»Hier ruh, ohne Blick noch Geste . . .«
– Milton, *»A Maske«*,
aufgeführt in Ludlow Castle

◁ Typisch! Dieser unordentliche P. D. Q. Bach!

P.D.Q. Bach nahm sich neben den Komponisten des 18. Jahrhunderts so ungewöhnlich aus wie diese neben ihm. Und doch war er im weitesten Sinne ein Geschöpf derselben Welt, die auch Haydn und Mozart hervorbrachte und all die weniger, aber nichtsdestoweniger fähigen Komponisten, die die musikalische Landschaft der Aufklärung bevölkerten; P.D.Q. ließ es sich eben angelegen sein (oder war dazu gezwungen, je nach Deutung der Tatsachen in Teil I), einige Teile dieser Welt zu bewohnen, Teile in deren Nähe Haydn und Mozart und all die weniger, aber nichtsdestoweniger fähigen Komponisten, die die musikalische Landschaft der Aufklärung bevölkerten, sich nie gewagt hätten, zumindest nicht vor Anbruch der Dämmerung.

Der Verfasser hatte Teil II mit »Die Welt des P. D. Q. Bach – wie er sie sah« betiteln wollen, doch führte längeres Überlegen zu der Erkenntnis, daß einem solchen Titel entsprechende Abbildungen fast unüberwindliche technische Schwierigkeiten bereiten würden, da P. D. Q. während der meisten Zeit seines Lebens selten weniger als doppelt sah. Mit einer guten Portion Mut entschlossen wir uns zu einem bescheideneren Ansatz; wo immer es möglich ist, wollen wir aber P. D. Q. und seine Umgebung, lebendig oder nicht, durch die Augen seiner Zeitgenossen betrachten.

TAFEL 1

Dies Gemälde, das einzige vorhandene authentische Porträt des P. D. Q. Bach, wurde in den späten 1770ern von Franz Romanssohn Kontrimänn angefertigt. Es entging der sicheren Zerstörung durch die übrige Bach-Familie nur deshalb, weil der geizige Künstler, als er keine Geduld mehr hatte darauf zu warten, bis P. D. Q. zahlte, es einfach für einen neuen, vertrauenswürdigeren Kunden übermalte. Das Originalbild wäre wohl nie entdeckt worden, wäre es nicht 1964 aus der Tate Gallery gestohlen worden, denn nach seiner Wiederauffindung wurde es zur Echtheitsprüfung durchleuchtet, und das nebenstehende Bild tauchte auf. Der Verfasser las in einem Zeitungsbericht, daß die Leinwand in der unteren linken Ecke die »rätselhaften« Initiale »P. D. Q.« trage, eilte nach London und konnte zweifelsfrei die Identität des Mannes feststellen, dessen Abbild für beinah zweihundert Jahre von dem eines kleinen deutschen Beamten übertüncht war. Die Tate Gallery weigerte sich, das obere Porträt abzuziehen, aber 1968 wurde das Bild erneut aus der Galerie gestohlen. Nun hängt dies bemerkenswerte Konterfei P. D. Q. Bachs im P. D. Q. Bach-Museum der University of Southern North Dakota in Hoople.

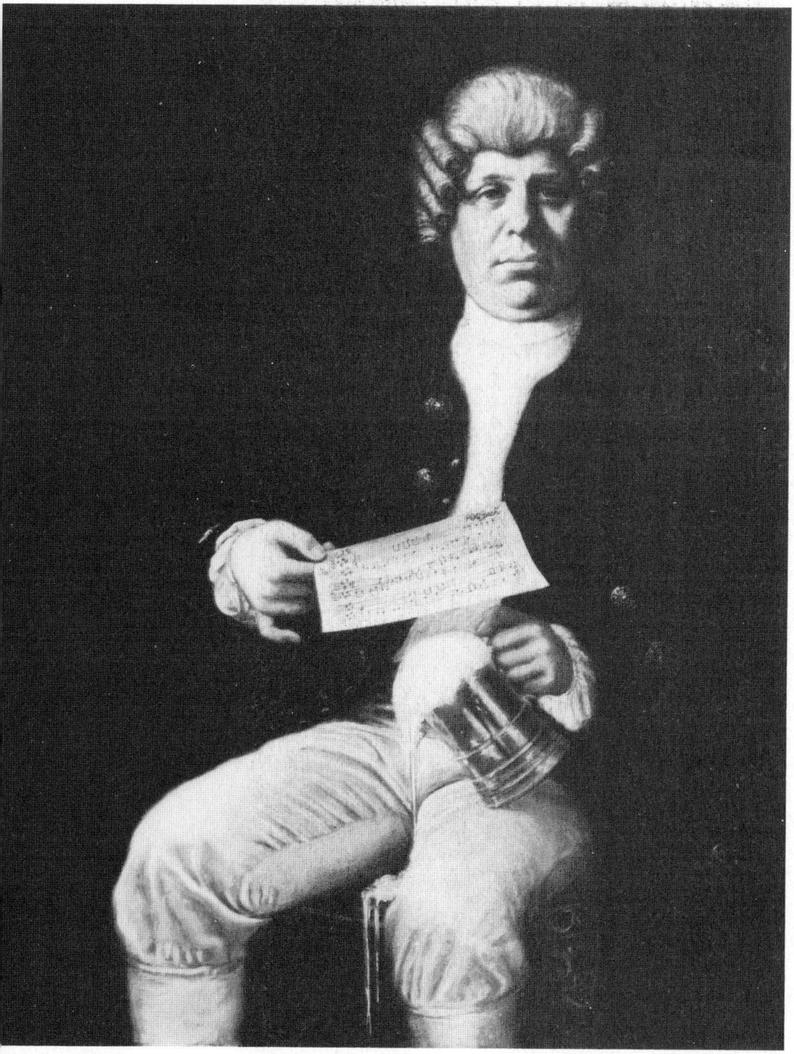

TAFEL 2

Leipzig, P. D. Q. Bachs Geburtsort, wie es vor zweihundert Jahren aussah.

TAFEL 3

Leipzig, wie es heute aussieht. Dahin ist die Atmosphäre großzügiger Weitläufigkeit, die das Stadtbild im 18. Jahrhundert prägte.

North
UNITED
Sea
KINGDOM

TAFEL 4

Die St. Thomas Kirche in Leipzig. P. D. Q. Bachs Vater war während der letzten 27 Jahre seines Lebens Kantor und DIRECTOR MUSICES an der Kirche. Er lebte und lehrte im Schulgebäude links, und hier wurde P. D. Q. geboren. Beinahe mit Sicherheit apokryph ist die zuerst bei Forkel mitgeteilte Geschichte, nach der das Kind von seinen Eltern in den Brunnen rechts geworfen worden sei und sie es wieder herausgefischt hätten, als sie Zeugen bemerkten, und behauptet haben sollen, sie hätten nur »schon mal geübt« für die Taufe. Auch wenn er geflissentlich übergangen worden sein mag, gibt es doch keinen Grund zu der Annahme, P. D. Q. Bach habe durch seiner Eltern Hände körperliche Grausamkeiten erlitten. Ob durch ihre Füße, ist eine andere Geschichte.

TAFEL 5

Johann Sebastian Bach, P. D. Q.s Vater, von vielen als der größte Komponist aller Zeiten angesehen. Dies ist eins der berühmtesten Porträts von J. S. Bach.

TAFEL 6

Noch ein Porträt von J. S. Bach; kurz nach der Geburt von P. D. Q.

TAFEL 7

P. D. Q.s Mutter war Anna Magdalena Bach, J. S. Bachs zweite Frau. Kaum weniger fruchtbar als ihr olympischer Gatte, gebar sie ihm fünfzehn Kinder und spielte das Cembalo recht ordentlich, wenn man bedenkt, wie wenig Zeit ihr zum Üben blieb. Der Autor war nicht imstande, ein Porträt von Anna Magdalena zu finden, aber wenn Johann Sebastian Glück gehabt hat, dann könnte sie ungefähr so ausgesehen haben wie die hier abgebildete französische Sängerin Marie Armand.

THE METROPOLITAN MUSEUM OF ART, THE CROSBY BROWN COLLECTION, 1901

TAFEL 8

Wilhelm Friedemann Bach, P. D. Q.s Halbruder und Johann Sebastians ältester Sohn. Er erbte eine großzügige Portion vom Talent seines Vaters, teilte aber P. D. Q.s Vorliebe für die Flasche. Vermutlich war er dank dieser verbindenden Gemeinsamkeit das einzige Mitglied der Bach-Familie, das auch nur eine Spur von Anteilnahme für P. D. Q. bezeugte; tatsächlich kann das berüchtigte maskierte SÄUFERPAAR, das die Wohlanständigkeit der Bürger von Halle im Sommer 1765 so beleidigte, wohl niemand anders gewesen sein als der Jüngste und der Älteste des ehrfürchtigsten geistlichen Komponisten des 18. Jahrhunderts. Die Bach-Familie hat immer behauptet, daß Wilhelm Friedemann seine Stelle als Musikdirektor und Organist in Halle freiwillig aufgab, doch haben jüngere Forschungen ergeben, daß er von seinem Posten entfernt wurde, vermutlich in einem Schubkarren.

Als Wilhelm Friedemann 1784 im Alter von 74 Jahren starb, reiste P. D. Q. zu seinem Begräbnis nach Berlin und trug sechs Wochen lang das Etikett einer Flasche von W. F.s Lieblingswein als Armbinde.

TAFELN 9 UND 10

Dies »Gruppenbild mit Wiege« zeigt die Bach-Familie in ihrem Heim; es ist vielleicht zu romantisierend, aber für uns von äußerstem Wert, ist es doch das früheste Bild, das wir von P. D. Q. Bach besitzen (siehe Detail). Unglücklicherweise hat er sich unter die Decken verkrochen; damit zeigt er schon im zarten Alter von einem Jahr seine Antipathie gegenüber Musik, die viele Jahre später seinen kompositorischen Stil prägen sollte. Die Familienmitglieder sind auf der untenstehenden Skizze im einzelnen bezeichnet.

1. Gottfried Heinrich
2. Johanna Carolina
3. Tabbias Thomas Felix
4. Johann Sebastian
5. Regine Susanna
6. Johann August Abraham[1]
7. Johann Christian
8. Elisabeth Juliana Friderica
9. Johann Christoph Friedrich
10. wie Nr. 8
11. Bubele Bach, ein Neffe
12. P. D. Q.
13. Keine der Genannten

1 Die meisten Biographen stellen fest, J. A. A. Bach sei im Kindesalter gestorben, dabei ist er bloß durch einen Rost gefallen

1
2
3
4
5
6
7
8
9
10
11
12
13

TAFEL 11

Der kleine P. D. Q. zu Füßen von Lips Bach, einem väterlichen Urgroßonkel väterlicherseits. Schon gut einhundertfünfzig Jahre alt zur Zeit von P. D. Q.s Geburt, war Lips von Beruf ein Teppichweber gewesen, doch seine Leidenschaft war die Trompete, und er hielt sich so bemerkenswert gut in Form, daß er zur eigenen Beerdigung 1905 den Zapfenstreich blies. Sein erstaunlich robuster Körper beherbergte einen freundlichen, gemütlichen Geist, was auch eine Eigenschaft seines treuen Gefährten Waugang war. Von letzterem übrigens erhielt P. D. Q. seinen ersten (und mit aller Wahrscheinlichkeit einzigen) Musikunterricht.

TAFELN 12 UND 13

Daß P. D. Q. selbst ein beachtliches Zeichentalent an den Tag legte, beweisen diese verspielten Ergänzungen eines frühen Porträts seines Vaters. Da Johann Sebastian bekanntlich Probleme mit seinen Augen hatte, ist das Bild in der Fassung links als echtes, wenn auch ein wenig überraschendes Konterfei des Meisters anerkannt worden, bis die Entwicklung der modernen spektographischen Analyse beweisen konnte, daß Brille, Schnurrbart und Bart nachträgliche Verzierungen sind – den bemerkenswert genauen Berechnungen zufolge, die heutzutage dank der Radiokarbon-Datierung möglich sind, am 29. Juli 1750, dem Tag nach J. S. Bachs Ableben ausgeführt. Die Eintragung in das Tagebuch von P. D. Q.s Schwester Johanna Carolina an diesem Tag: »Item: Wes wohlbekannten Knülches Feder hat keine Achtung vor dem Toten?« läßt kaum Spekulationen über die Identität des Übeltäters zu.

TAFEL 14

Das einzige Instrument, auf dem P. D. Q. Bach als Virtuose galt, war die Weinflasche. Es war das einzige Instrument, das er jeden Tag übte, und diese Zeichnung zeigt, daß er in zartem Alter damit begann. Viele Jahre später sollte er für seine berühmte Kantate »Iphigenie in Brooklyn« (vgl. S. 259) einige Weinflaschen-Soli komponieren; sie gelten als ausdrucksvollste Beispiele der gesamten BOTTIGLIA-Literatur. Die Kantate ist übrigens für ein Alt-Instrument, nicht für die nebenstehend abgebildete BOTTIGLIA BASSA.

TAFEL 15

Als P. D. Q. acht Jahre alt war, starb sein Vater. Dieses Bild des gen Himmel auffahrenden Johann Sebastian stammt von einem Augenzeugen des Vorfalls, der sagte, der Himmel sei voll der »großartigsten Musik gewesen, als sitze Gott selbst an der großen Weltorgel, und er saß wahrlich auch hinter einem heftigen Gewitter«. Im Monat darauf erschien ein Nachruf in der Verbandszeitschrift der Kirchenmusiker-Innung, »Das Orgelorgan«, in dem die »tief empfundenen« Gefühle »jedes und aller« Mitglieder der Innung zum Ausdruck kommen: »Daß Sebastian Bach der König der Instrumente war, kann niemand leugnen, und wir alle verspüren Trauer ob seines Hinscheidens. Wir dürfen darum nicht nachlassen, nach den erhabenen Idealen zu streben, die ihn beflügelten, solange er (wie es unter Organisten heißt) lebendig und bei Tritt war; das Leben muß und wird sicherlich auch weitergehen. Obzwar die Welt einen großen Musiker verloren hat, hat sie doch eine offene Stelle gewonnen; Bewerbungen bitte an den Leipziger Stadtrat.«

TAFEL 16

Das einzige Bild, das wir von Ludwig Zahnstocher besitzen, dem außergewöhnlichen Musiker-Erfinder, bei dem P. D. Q. 1755 eine Lehre antrat, und dessen Korrespondenz ausführlich in Teil I zitiert wird, zeigt die beiden bei der Arbeit am Pandämonium, das Zahnstocher (zu recht, möchte es scheinen) als das »lauteste jemals auf der Erde geschaffene Instrument« bezeichnete. Der ältere Mann steht oben auf dem Balken, während P. D. Q. von unten sägt. Seinem Gesichtsausdruck nach zu urteilen, hat er soeben erkannt, was passiert, wenn sie zu Ende gesägt haben. Zahnstocher war so stolz auf das Pandämonium, daß er eine englische Fassung des Instrumenten-Plans erstellen ließ, die er seinem Freund Dr. Charles Burney in London (vgl. S. 129) sandte in der Hoffnung, der wenige Zeit später schon berühmte Musikhistoriker wäre imstande, für das Instrument und seinen Erfinder eine Tournee durch die britischen Inseln zu arrangieren. Aus der Idee wie auch aus dem Instrument wurde nichts.

TAFEL 17

Zahnstochers Skizze des Pandämoniums bedarf kaum einer Erklärung, aber ein paar erläuternde Anmerkungen sind doch angebracht: Die Orgel-Pfeife (a) war so gebaut, daß die Luft nach oben entwich (statt seitlich, wie sonst üblich), damit der angedeutete Katapult-Effekt erreicht werden konnte. Den Klang der Orgelpfeife bezeichnete P. D. Q. als »ohrenbetäubend und sehr laut«, er könnte mit schuld sein an den Dysfunktionen seines Gehörs, denen man zwangsläufig Rechnung tragen muß bei dem Versuch, bestimmte Aspekte von P. D. Q. Bachs Musik zu erklären. Die beiden Fallrohre enthielten Holz- und Metall-Leisten, die geräuschvoll auf ihre Position zurückklappten, wenn die Kanonenkugel durchfiel. Um sich vom Klang des Pandämoniums ein Bild zu machen, muß man sich außerdem vorstellen, daß die Skizze nur ein Aufriß ist; das komplette Instrument hatte alles hier Dargestellte in 25facher Ausführung.

Das

PANDÄMONIUM

a. Orgelpfeife
b. Kanonenkugel
c. Metallstange
d. Zündhütchen
e. Glasplatte
f. Kaminrohr
g. 2te Kanonenkugel
h. Gestimmter Draht
i. Blasebalg
j. Pianosaiten
k. Gong
l. Kaminrohr
m. Steingefäße

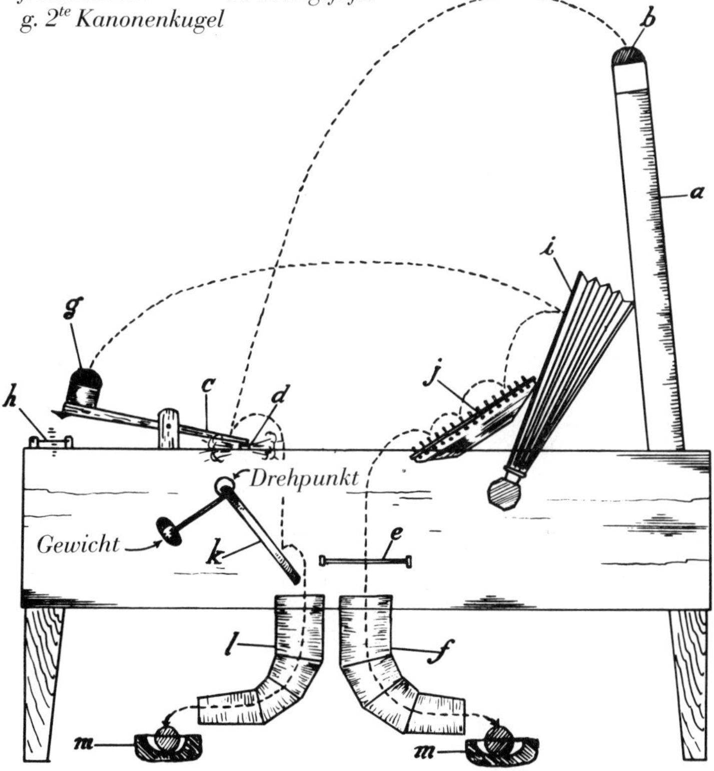

TAFEL 18

P. D. Q.s Aufenthalt in Dublin und London begann, soweit wir es sagen können, als der Junge ungefähr zwanzig Jahre alt war. Wir haben gesehen, daß ihm auch schon in früheren Jahren die Flasche nicht fremd war, aber diese Wirtshaus-Rechnung zeigt, daß seine Trinksitten zur Zeit seiner Volljährigkeit gargantueske Ausmaße erreicht hatten. Die Rechnung wurde bei den Habseligkeiten gefunden, die er zurückließ, als er durch das Hinterfenster kletterte, um nicht zahlen zu müssen.

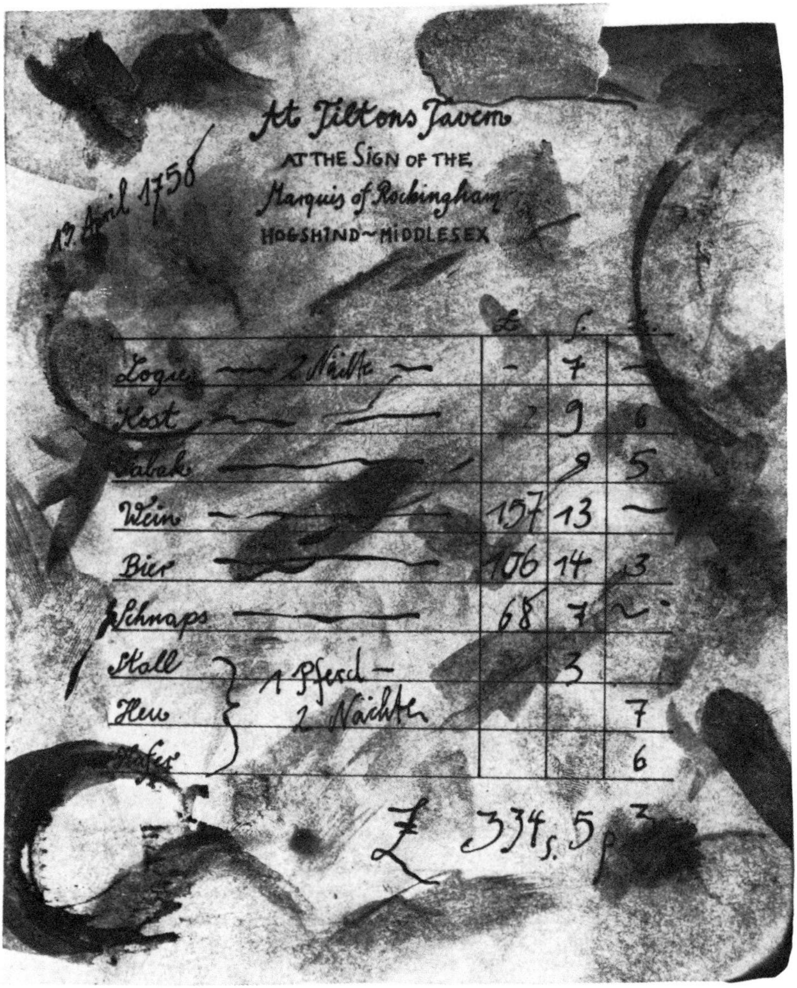

At Tiltons Tavern
AT THE SIGN OF THE
Marquis of Rockingham
HOGSHIND~MIDDLESEX

17. April 1758

	£	s.	d.
Logie — 2 Nächte —	–	7	–
Kost	2	9	6
Tabak		9	5
Wein	157	13	–
Bier	106	14	3
Schnaps	68	7	–
Stall } 1 Pferd –		3	
Heu } 2 Nächte			7
Hafer }			6

£ 334 s. 5 p. 3

TAFEL 19

Johann Christian Bach, Johann Sebastians zweitjüngster Sohn, war einige Jahre vor P. D. Q. zur Welt gekommen. Heutzutage wenig gespielt, war er doch einer der beliebtesten Komponisten seiner Zeit; vor seinem dreißigsten Geburtstag wurde er Händels Nachfolger als Hofmusiker der Königin von England, und seine Musik hatte tiefen Einfluß auf Mozart, was man von Brahms nicht gerade sagen kann. Auf der Höhe seines Londoner Erfolgs ließ sich J. C. ein ungewöhnliches Haus in Form einer großen Kirchenorgel bauen; auf nebenstehender Abbildung sehen wir ihn aus dem Fenster auf zwei der vielen Groupies schauen, die ständig draußen herumhingen in der Hoffnung, von dem jungen Meister hereingebeten zu werden. Als P. D. Q. 1763 oder 64 in London auftauchte, hegte er sicherlich große Hoffnungen, daß J. C. ihm weiterhelfe, wenn nicht mit einer Arbeit, dann doch mit einem doppelten Rendez-vous.

THE METROPOLITAN MUSEUM OF ART, THE CROSBY BROWN COLLECTION, 1901

TAFEL 20

Ob Johann Christian seinen jüngeren Bruder diese Vereinbarung unterzeichnen ließ, weil er von den atemberaubenden Rechnungen (so wie die auf S. 95) gehört hatte, die P. D. Q. gewohnt war, offen zu lassen, oder einfach, um P. D. Q. aufzumuntern, ihn bald zu verlassen, können wir nur vermuten. P. D. Q. versicherte sich wohl der Hilfe seiner Schwägerin, die er »Sis« Boom Bach nannte und mit der er sich wirklich gut verstand, bei der Formulierung der Vereinbarung (die genau zu lesen J. C. wohl nicht sehr große Sorge trug), da seine Sprachkenntnisse zu dieser Zeit auf Konversationsbrocken wie »Wasserspülung« und »Elephant« begrenzt waren.

Hiermit bestätige ich, daß ich J. Christian Bach drei Threepence, also 8 Pence, schulde, wofür er sich bereiterklärt, den Unterzeichneten drei Tage lang mit Bett und Braut zu versehen.

P. D. Q. Bach

London, XXX

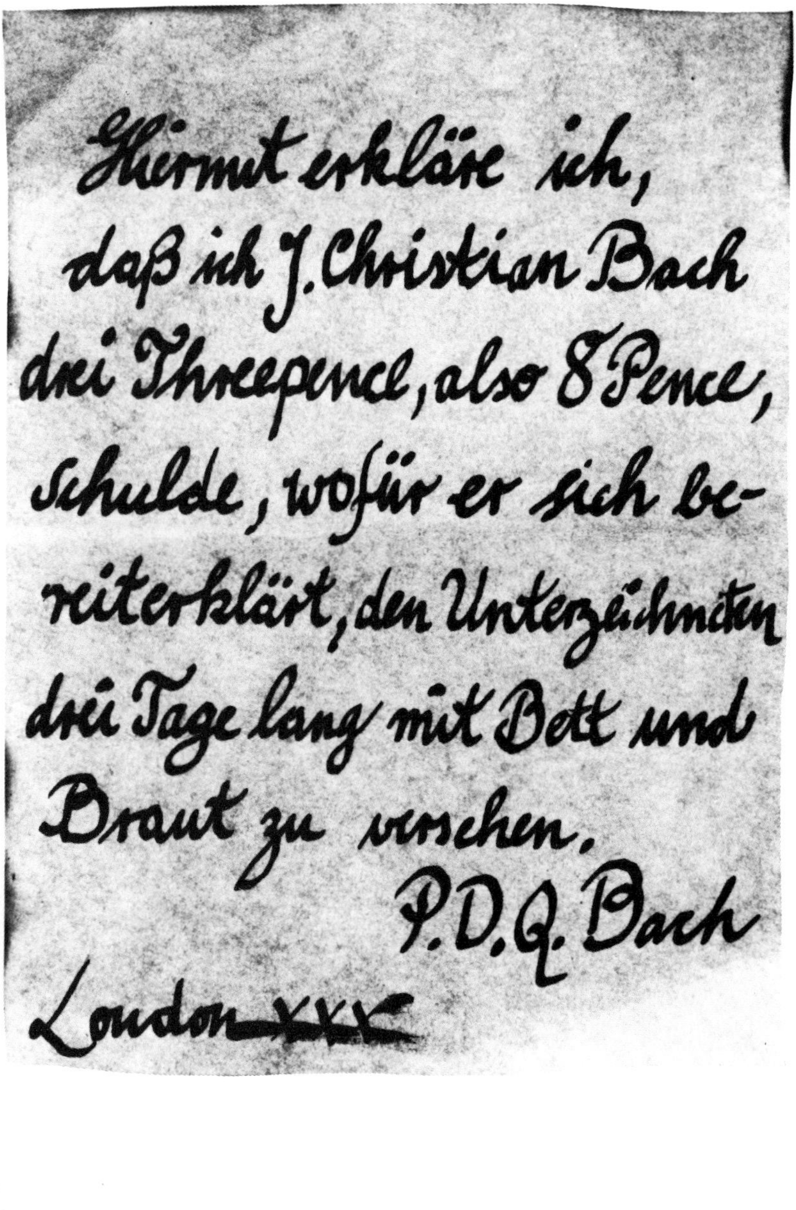
Hiermit erkläre ich,
daß ich J. Christian Bach
drei Threepence, also 8 Pence,
schulde, wofür er sich be-
reiterklärt, den Unterzeichneten
drei Tage lang mit Bett und
Braut zu versehen.
P.D.Q. Bach
London XXX

TAFEL 21

Als P. D. Q. Bach von einer freien Stelle hörte und seinen Bruder Johann Christian um ein Zeugnis, oder (wie wir es heute nennen würden) ein Empfehlungsschreiben bat, machte sich J. C. den Umstand zunutze, daß P. D. Q. zu Fremdsprachen ein äußerst distanziertes Verhältnis hatte, und verfaßte das hier abgebildete Dokument.

Der Überbringer, Herr P. D. Q. Bach, hat mich, den Unterzeichnenden, gebeten, ihm ein unparteiisches Zeugnis auszustellen über seine Kenntnisse in der Kunst der Musik und seine Fähigkeiten, die Früchte der besagten Kunst vorzuführen, so daß ihm Erlaubnis zuteil werde, sich in Person um die jüngst freigewordene Stelle eines zeitweisen Unterorgelassistenten an der St. Jezebel's Kathedrale in Haymarket zu bewerben; nun will ich ihm dies nicht verweigern, doch muß ich allen guten Gewissens ebendies tun, denn obwohl der Überbringer Anspruch erhebt, mit mir durch Vater und Mutter verwandt zu sein, habe ich noch nie jemanden gesehen, der von den Musen so erbärmlich übergangen worden ist, eine Person, die sich als Musiker ausgibt und doch so bar ist aller Fähigkeit, vermittels edler Harmonien Empfindungen zu erwecken, es sei denn die des Abscheus oder – im Busen einer Frau – vielleicht des Mitleids, kurz, eine Person, die des Namens Bach so unwürdig ist, daß allein ihre Existenz als Beleidigung des guten Geschmacks angesehen werden muß. Ich bin überzeugt, diese Person ihre Fertigkeiten, wenn man sie als solche bezeichnen mag, vorführen zu lassen, wäre für den werten Empfänger dieser Epistel, davon bin ich überzeugt, nicht nur schlicht vertane Zeit, sondern wahrhaftig fast ein krimineller Mißbrauch der Zeit, von der uns auf diesem sterblichen Erdenball doch nur so wenig zugewiesen ist.

Joh. Christian Bach, Musick Master to the Queen

London

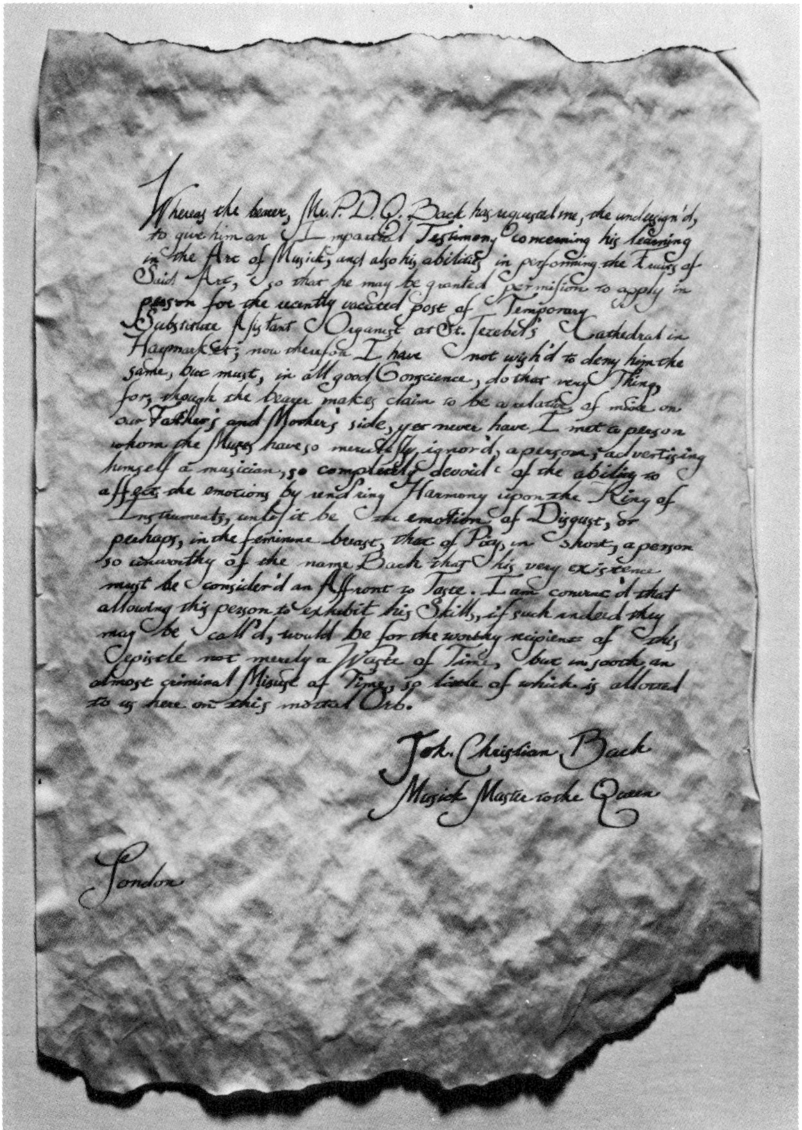

Whereas the bearer, Mr. P.D.Q. Bach has requested me, the undersign'd, to give him an Impartial Testimony concerning his learning in the Art of Musick, and also his abilities in performing the Duties of Said Art, so that he may be granted permission to apply in person for the recently vacated post of Temporary Substitute Assistant Organist at St. Jezebel's Cathedral in Haymarket; now therefore I have not wish'd to deny him the same, but must, in all good Conscience, do that very Thing, for, though the bearer makes claim to be a relative of mine on our Father's and Mother's side, yet never have I met a person whom the Muses have so mercilessly ignor'd, a person, advertising himself a musician, so completely devoid of the ability to affect the emotions by rendering Harmony upon the King of Instruments, unless it be the emotion of Disgust, or perhaps, in the feminine breast, that of Pity, in short, a person so unworthy of the name Bach that his very existence must be consider'd an Affront to Taste. I am convinc'd that allowing this person to exhibit his Skills, if such indeed they may be call'd, would be for the worthy recipient of this Epistle not merely a Waste of Time, but in sooth an almost criminal Misuse of Time, so little of which is allowed to us here on this mortal Orb.

Joh. Christian Bach
Musick Master to the Queen

London

TAFEL 22

Die St. Jezebel's Kathedrale heute: Sie hat sich seit zweihundert Jahren kaum verändert. Zu Johann Christians großer Überraschung wurde P. D. Q. doch zum zeitweisen Unterorgelassistenten der Kirche ernannt, unter der Bedingung, daß er auch das Gras schneide, den Müll heraustrage und den Chlorgehalt des Taufwassers prüfe. Obwohl er zufrieden war, die Stelle erhalten zu haben, gestand P. D. Q. seine Enttäuschung ein, daß die Kirche nicht in Haymarket, London, sondern im berüchtigten Haymarket Bog, einige Meilen nördlich von London gelegen war; da aber J. C. soeben die Miete erhöht hatte, entschloß er sich zum Umzug.

TAFEL 23

Dank seiner Erforschungen, die ihm zu interessanten Informationen über den Bischof und zwei Zimmermädchen verhalfen, wurde P. D. Q. nach zwei Jahren zum Organist der Kapelle von St. Jezebel ernannt. Das Dokument, das er bei der Annahme der Position aufsetzte, zeigt, daß P. D. Q. Bach nicht nur ein musikalischer Erneuerer war, sondern daß er auch als erster in einem Vertrag Kleingedrucktes verwendete.

Als Gegenleistung für die monatliche Summe von fünf Shilling, welche jeden Montag ohne Abzüge zu zahlen ist, erkläre ich, der Unterzeichnende, mich bereit, bei allen Gottesdiensten und Chorproben die Orgel zu traktieren und ganz allgemein alle Pflichten zu erfüllen, die dem Organisten der Kapelle obliegen, wenn mir danach ist.

P. D. Q. Bach

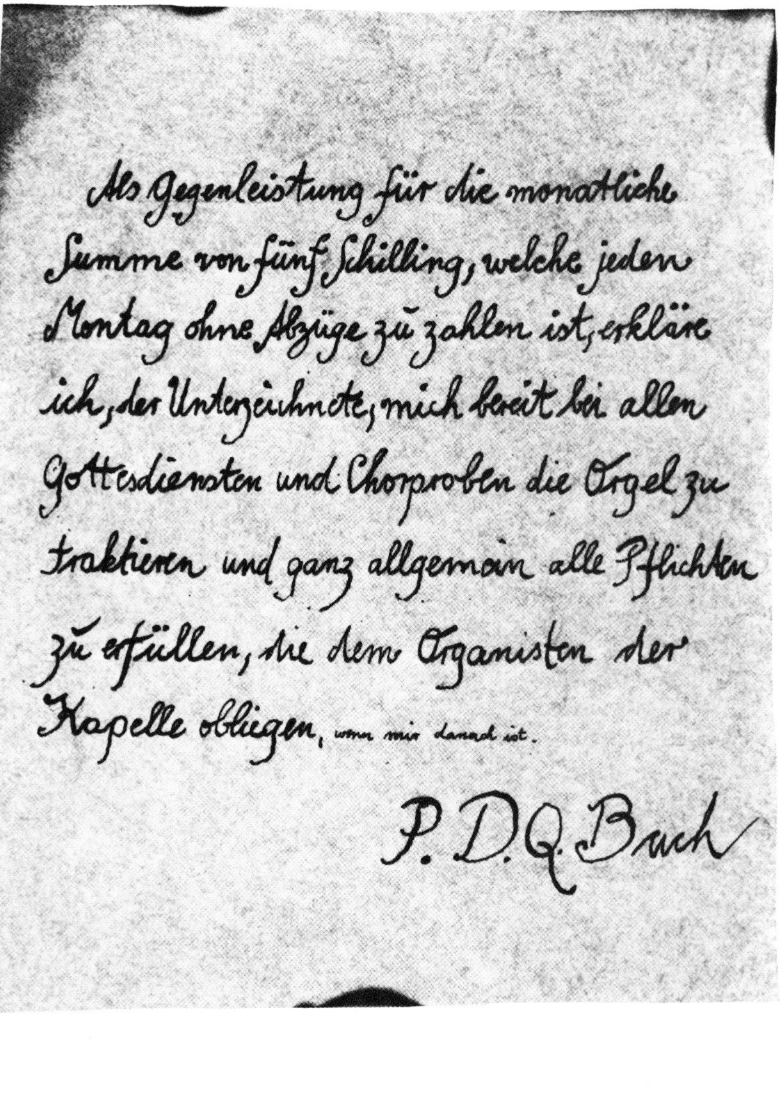

Als Gegenleistung für die monatliche
Summe von fünf Schilling, welche jeden
Montag ohne Abzüge zu zahlen ist, erkläre
ich, der Unterzeichnete, mich bereit bei allen
Gottesdiensten und Chorproben die Orgel zu
traktieren und ganz allgemein alle Pflichten
zu erfüllen, die dem Organisten der
Kapelle obliegen, wenn mir danach ist.

P. D. Q. Bach

TAFELN 24 UND 25

Betty-Sue Bach, die Tochter von P. D. Q.s St.-Petersburger Cousin Leonhard Sigismund Dietrich Bach, wie sie zur Zeit von P. D. Q.s Besuch (l.) und achteinhalb Monate später (r.) aussah. Aufgrund einer verständlichen Aversion seitens der »russischen« Bachs, über dies Thema zu sprechen, ist nichts über den Sprößling von Vetter und Base bekannt, außer, daß dieser Familienzweig bis heute weiterlebt (vgl. Teil III), was für den legitimen männlichen Teil der Familie nicht zutrifft.

Im Jahr 1807, noch unverehelicht, besuchte Betty-Sue P. D. Q. an seiner Totendiele, wo er ihr das »Notenbüchlein für Betty-Sue« schenkte (vgl. S. 262). Betty-Sue ist nie nach Petersburg zurückgekehrt; nach P. D. Q.s Tod heiratete sie seinen Freund Jonathan »Boozey« Hawkes und begleitete ihn, als er in seine Geburtsstadt Liverpool zurückkehrte, um dort einen Musikverlag aufzumachen. Sie widmete die letzten Jahre ihres Lebens der Vorbereitung einer Ausgabe Ausgewählter Werke von P. D. Q. Bach, wofür sie 1817 auf dem Scheiterhaufen verbrannt wurde.

TAFEL 26

Wien im 18. Jahrhundert. Hier ließ sich P. D. Q. Bach 1777 nieder, und bald darauf faßte er den spontanen Entschluß, der ihn von einem unbekannten Betrunkenen zu einem unbekannten betrunkenen Komponisten machte. Hier führte ihn das Schicksal – oder war es eine unfaßliche Eigenschaft der Wiener Luft?[1] – zurück zur Musik; bis er auf die Suche nach kleineren Teichen ging, hatte er die Werke seiner ersten Schöpfungsphase, den Entscheidenden Auftakt, geschrieben.

1 Nein, es war das Schicksal.

TAFEL 27

Baron von Tutti hatte, wie schon sein Name erkennen läßt, italienische und deutsche Vorfahren. Von seinen Freunden »Cosí« genannt, gehörte er zu den Anwesenden bei Baron van Swieten am Tag von P. D. Q. Bachs denkwürdigem Besuch (vgl. S. 54), und in dem Bemühen, eine eigene Sammlung von Bachanalien zu begründen, vertat er keine Zeit, P. D. Q. unmittelbar darauf zu suchen, wahrscheinlich der Wasserspur folgend, die vom Krater im Beet unter dem Fenster im zweiten Stock zur nächsten Kneipe führte. Offenbar konnte er als Biertrinker mit jedem Bürgerlichen mithalten und hatte nicht das hochmütige adelige Gehabe eines van Swieten, so daß sie als erstes einen hoben, als er P. D. Q. beim Eberwirt fand. Auf Geheiß des Wirts mußten sie den einen zwar wieder hinsetzen, durften aber bleiben, und sie saßen und tranken bis weit nach Mitternacht und wurden langsam feste Freunde.

TAFEL 28

Durch den Baron »Cosí« von Tutti machte P. D. Q. die Bekanntschaft von Thomas Pollex, einem winzigen jungen Mann, dessen Stimme so sehr der eines just geschlüpften Vogels glich, daß sie ihm den Spitznamen »Peeping Tom«[1] einbrachte, sehr zur Verwunderung seines Vaters. Castor U. Pollex betrieb einen Spielwarenladen, war aber der Musik leidenschaftlich ergeben. Die Musikstunden begannen für seinen Sohn kurz nach dessen Geburt (siehe Abb.). Gehörpflege hatte Vorrang vor der Körperpflege, und Klein Tom lernte den aufrechten Gang mittels einer vom Vater wie ein Trapez an der Decke befestigten Flöte. Es gibt sogar Vermutungen, daß Toms kleine Statur darauf zurückzuführen sei, daß er als Kind gezwungen war, ständig mit Flötenansatz (Stellung des Mundes) herumzulaufen, was die Aufnahme auch kleinster Nahrungsteile schwierig machte. Es ist denn auch nur eine kleine Überraschung, daß Peeping Tom, der in seines Vaters Laden aufwuchs (soweit er das tat), nicht nur auf der Flöte (FLAUTO DOLCE), sondern auch auf der Okarina (PATATA DOLCE), der Zieh-Pfeife, der Nasenflöte, der Jacomus-Blatt-Ulmer-Pfeife und vielen anderen Instrumenten, die zu schrullig sind, um erwähnt zu werden, ein Virtuose wurde.

1 Ein von Professor David Robinson von der Ohio State University geprägter Aphorismus, »Samuel Pepys where angels fear to whisper«, ist hier von untergeordneter Bedeutung; und auch Dr. Büchsbrenners an solcher Stelle stets vorgebrachte Behauptung »Eugen d'Albert, wo Engel kaum zu flüstern wagen« soll hier unerwähnt bleiben.

TAFEL 29

Die Geschichte von Peeping Tom Pollex klingt traurig aus, oder vielmehr klang sie zum Schluß gar nicht. Gleich nach dem Tod seines Vaters 1780 verkündete der nunmehr berühmte Flötist plötzlich, er wolle nie wieder eine Flöte anrühren und werde von nun an seinen Mund so oft und so weit aufmachen, wie er wolle. Man stelle sich seine Enttäuschung vor bei der Entdeckung, daß er Maulsperre hatte – möglicherweise schon seit Jahren. Mit Hilfe eines Meißels schaffte er es schließlich, seinen Mund aufzustemmen, und nach einem Blick in den Spiegel nahm er als erstes einen Porträtmaler in seinen Dienst. Seine geradezu delirante Freude wird in diesem Bilde offenbar: aus seinen Augen leuchtet ein starkes – man möchte fast sagen, besessenes – Glühen, und er hat soeben das Ende seiner Flöte abgebissen und verschluckt. Unglücklicherweise schnappte sein Mund nach zwei Tagen wieder in seine gewohnte Position zurück, für dies Mal auf immer, trotz der Versuche zweier Ärzte, der gesamten Tischler-Zunft und eines Militärsprengmeisters. An Leib und Seele verkrüppelt verbrachte Pollex den kleinen Rest seines kurzen Lebens mit der Entwicklung des modernen Trinkstrohhalms.

TAFEL 30

Prinz Fred aus dem Hause Hangover war ein außerehelicher Sohn Georgs II. von England und der als Blaustrumpf und Blaunase bekannten Lady »Lady« Lady, deren Mann Sir Yodah Parlamentarier und häufig geschäftlich unterwegs war. Der Prinz war ein großer Musikliebhaber und sang oft zur Begleitung seiner Frau, Prinzessin Polly, die die Harfe nicht nur von hinten, sondern auch von vorn und über kreuz zupfte. Bei einer Reise nach Wien 1777 hatte Prinz Fred Thomas Pollex auf einem heute vergessenen Instrument, der Ondul-Flöte, spielen gehört und war so begeistert von der Begabung des kleinen Tuters, daß er den Zwergmusikanten sofort nach Wein-am-Rhein einlud, als er hörte, Pollex bekomme ein Konzert eigens für sich (Pollex) geschrieben, und bot ihm (Pollex) sein (Prinz Freds) Orchester für die Premiere an, trotz des Umstandes, daß er (Prinz Fred) nie von dem Komponisten gehört hatte, bevor der Baron von Tutti es ihm (immer noch Prinz Fred) sagte. P. D. Q. Bach beendete das »Concerto ingrosso« am 31. Dezember, und am Neujahrstag 1778 stolperte er (diesmal P. D. Q. Bach) in Begleitung von Peeping Tom und Cosí in eine Kutsche gen Westen, vollkommen blind für alles um ihn herum wie auch für die besondere Bedeutung dieser wochenlangen Reise, die er durchschlief.

Rowlandson 1789

TAFEL 31

Ein Besuch der Stadt Wein-am-Rhein, die vor allem dafür bekannt ist, daß hier einer der kräftigsten Weine ganz Europas erzeugt wird, die berühmte TRIEBSAUERMILCH, überzeugte P. D. Q. Bach, endlich den Ort gefunden zu haben, der seinem Wesen entsprach. Im Januar 1778 zog er hierhin und blieb für seine ganze Lebenszeit, also bis Mai 1807, gefesselt durch eine Verbundenheit, die er niemals für irgendeinen anderen Ort empfunden hatte. Ende des 18. Jahrhunderts WAR Wein-am-Rhein P. D. Q. Bach, sowohl für die Bürger der Stadt als auch für die des übrigen Europa, soweit sie schon von beiden gehört hatten; und als P. D. Q. starb, starb mit ihm etwas im Herzen von Wein-am-Rhein; in der Mitte des 19. Jahrhunderts war es praktisch eine Geisterstadt, von ein paar Alteingesessenen bewohnt, die, wenn man sie ein wenig dazu aufmunterte, stundenlang über die »guten alten Zeiten« reden konnten, als die Straßen noch von P. D. Q. Bach und seinen Freunden voll waren, als (wie die Zeichnung aus dem 18. Jahrhundert auf der gegenüberliegenden Seite zeigt) der Fluß von Bierfässern und untätigen Fischersleuten befahren wurde und die Turmspitzen der weltgrößten Tavernen das Firmament durchbrachen.

TAFELN 32 UND 33

Nach seiner Ankunft in Wein-am-Rhein hatte P. D. Q. Bach in kurzer Zeit einen Kreis von Freunden um sich versammelt, die wie er selbstlos der Kunst des Trinkens hingegeben und hoffnungslos süchtig nach Musik waren. Neben P. D. Q. selbst war der berühmteste Trinker unter ihnen wohl Thomas Collins, ein heruntergekommener Lüstling, der zufällig auch der größte Dudelsack-Pfeifer seiner Zeit war. Für ihn schrieb P. D. Q. das »Pervertimento«. Dieses Bild von ihm ist äußerst interessant, weil wir im Hintergrund (siehe Detail) P. D. Q. selbst sehen können, wie er entweder der Partitur folgt oder ein Butterbrot auswickelt.

TAFEL 34

Im Frühling 1778 kam ein Zigeunermusiker nach Wein-am-Rhein gewandert, mit nichts als einer alten Geige und einem unaussprechlichen Namen. Der ständige Gebrauch des auf diesem Bild vor ihm stehenden Gegenstandes brachte ihm einen neuen Namen ein; für seine Börse brachte es ihm etwas ein, daß er das gesamte Orchester eines nahegelegenen Heims für ungeratene Mädchen entführte; mit ihnen unternahm er höchst erfolgreiche Tourneen durch ganz Europa als »Spoo Knapfler und sein Kammer-Mädchen-Ensemble«, bis ihn 1789 die »Eilmaßnahmen gegen weiße Sklaverei im Deutschen Reich« in den Ruhestand zwangen. Er verbrachte den Rest seines Lebens zum größten Teil in Wein-am-Rhein und versuchte, seine Wanderlust in Alkohol aufzulösen, oder veranstaltete musikalische Soireen wie die hier dargestellte. Die drollige Manier, mit einem hochgestellten Fuß zu spielen, erinnert an seine Anfänge als Gitarrist bei Mordo Jones und seinen »Gypsy Gentlemen«; und als Knapfler starb, entdeckte man tatsächlich, daß sein Instrument mitnichten eine Geige war, sondern eine modifizierte Tenor-Ukulele, die Arturo Ġadfri von Cremona 1693 gebaut hatte.

TAFEL 35

Porcelina Speck dürfte wohl die vollkommenste Klavicembalistin von Wein-am-Rhein gewesen sein. Als Porcelina Bacon aus einer adligen englischen Familie geboren, wurde sie von ihren Eltern während einer Reise auf dem Kontinent 1768 verlassen, und nachdem das sechzehnjährige Mädchen eine Zeitlang durch die Stadt geirrt war, beschloß sie, die Rückkehr nach England sein zu lassen. Sie hatte bemerkt, daß ein oder zwei Stunden nach Öffnung der Kneipen der Großteil der Bevölkerung von Wein-am-Rhein nicht mehr klar sehen konnte, und sie überlegte ohne Zweifel folgerichtig, daß ihre körperliche Eigenart hier weniger hinderlich sein würde als zu Hause, wo sie, einmal abgesehen von einem äußerst unappetitlichen Treffen mit einem dicken Schlachtschwein auf dem Gut ihres Onkels, überhaupt keine Gesellschaft hatte.

Sie und P. D. Q. hatten also zwei Dinge gemeinsam: Musik und die außerordentlich unzweideutige Ablehnung durch ihre Familie; und wenn man alle nachgewiesenen Indizien berücksichtigt, ist man gezwungen, die Möglichkeit ins Auge zu fassen, daß ihre Freundschaft nicht immer platonisch war[1].

---

1 Zum Beispiel ist es schwierig, den Verdacht zu zerstreuen, daß sich folgender Bericht aus der Wein-am-Rhein-Zeitung SCHNAPSBLATT nicht auf P. D. Q. und Porcelina beziehe:

Wie aus informierten Kreisen zu erfahren war, sei die Zerstörung des Weinstocks in Herrn Schwipsens Hinterhof auf einen Vorfall zwischen einem bekannten ortsansässigen Komponisten und einer gleichfalls bekannten ortsansässigen Klavicembalistin zurückzuführen. Tatsächlich wurde der Vorfall vom Komponisten verursacht, der (heißt es) sich zu weit aus seiner Buhle Fenster vorlehnte, während er sich erleichterte, mit dem Ergebnis, daß er zugleich seine Buhle um seine Gegenwart erleichterte.

Lord Bacon

TAFEL 36

Nicht alle von P. D. Q.s Freunden waren Musiker; aber viele von ihnen waren auf anderen Gebieten professionell.

TAFEL 37

Dr. Charles Burney war einer der führenden Musikgeschichtler des 18. Jahrhunderts. Seine »General History of Music« in vier Bänden erschien zwischen 1776 und 1789. Obwohl seine weiten Reisen durch Europa 1770 und 1772 als Grundlagen seiner persönlichen Beobachtungen maßgeblich waren, unternahm er 1788 doch noch eine kurze Reise zur Vorbereitung des abschließenden Bandes seines monumentalen Werkes.

Diese Reise führte auch nach Wein-am-Rhein; er hatte gerade durch Ludwig Zahnstocher (vgl. S. 90) von P. D. Q. Bach gehört und war begierig, diesen »unbekannten Zweig des Bach-Familienstammbaums« zu treffen. Sein Forschungsbericht ist in Anhang C ausführlicher zitiert; hier soll es genügen, festzuhalten, daß er seine Suche, sagen wir einmal, ziemlich treuherzig, beim Kloster gerade vor der Stadt begann, und daß der erste Mönch, mit dem er sprach, auf die Nennung des Namens von P. D. Q. Bach die Augen gen Himmelt verdrehte, dreimal das Kreuz schlug und hinzufügte, P. D. Q. Bach sei »in der langen Geschichte der Kirche die einzige PERSON, die jemals zur Todsünde erklärt wurde«.

TAFEL 38

Wie es das Glück wollte, war Padre Martini, der berühmte Priester-Komponist, zufällig im Kloster. In ganz Europa als Lehrer berühmt (Mozart und Gluck gehörten zu seinen Schülern), wollte Padre Martini in Wein-am-Rhein zum Wohle des Bachschen Familiennamens versuchen, wenigstens ein Minimum an musikalischem Verstand in das feuchte Hirn von Johann Sebastians Jüngstem einzuträufeln. Nach der Erkenntnis, daß er sich eine aussichtslose Aufgabe gestellt hatte, packte er gerade seine Sachen für die Rückreise nach Bologna. Aber er gab Burney eine Adresse, wo, wie er dem Engländer versicherte, P. D. Q. Bach zu finden sei, »wenn Sie in die Ecken und unter die Tische schauen«.

TAFEL 39

Eins der wenigen Dinge, die P. D. Q. vom Boden hochkriegten, war die Aussicht auf einen der Musikabende, an denen einige der Stücke durchgespielt und gesungen wurden, die Prinz Fred regelmäßig aus seiner Privatbibliothek mitbrachte. Sie bestand in der Hauptsache aus Werken, die er bei P. D. Q. und einigen anderen, noch zweifelhafteren Komponisten in Auftrag gegeben hatte.

Diese musikalischen Soireen begannen normalerweise am späten Nachmittag in Dufays Taverne und endeten gegen Tagesanbruch auf der Polizeiwache (vgl. nebenstehendes Dokument).

Polizeiwache Wein-am-Rhein

Geldstrafen — 6 Dezember 1791

Holz, Gustav	8 gr.	Trunkenheit
Collins, Thomas	8 gr.	Trunkenheit
Zoll, Anton	8 gr.	Trunkenheit
Hawkes, "Boozey"	8 gr.	Trunkenheit
Adler, Molly	8 gr.	Trunkenheit
Bach, P.D.Q.	10 rth 12 gr.	Unglaubliche Trunkenheit

TAFELN 40 UND 41

Natürlich bedurfte es einer gehörigen Menge Geldes, um diesen modus vivendi aufrechtzuerhalten. Obwohl Prinz Fred immer wieder einmal bei P. D. Q. eine Arbeit in Auftrag gab, um ein Familienereignis zu feiern, z. B. als einer seiner Söhne einen Zahn verlor, oder auch für städtische Ereignisse, wie der Eröffnung der Brauerei zur Heiligen Jungfrau, waren diese Aufträge doch zu selten, um P. D. Q.s Unterhalt zu gewährleisten. Nach und nach erkannte er, daß er zur Aufbesserung seines Einkommens nach einem außermusikalischen Weg suchen mußte. Erstaunlich genug: Die Methode, die er sich ausdachte, erwies sich als höchst erfolgreich; im Frühjahr 1795 verließ »P. D. Q. Bachs Fahrendes Medicin-Theater« Wein-am-Rhein, und als er acht Monate später zurückkam, war P. D. Q. ein wohlhabender Mann.

Besonders zu seinem Erfolg hat bestimmt der Umstand beigetragen, daß er einen Sänger engagierte (im oberen Bild mit einem spitzen Hut und unten tanzend), für den er eine Reihe von »Kleinan Zechliedlein« wie er das nannte, komponierte, die in Wirklichkeit Werbesongs waren – vielleicht die erste gesungene Reklame überhaupt (vgl. S. 264).

TAFEL 42

P. D. Q. Bach lernte Beethoven vermutlich auf einer seiner Geschäftsreisen in Wien kennen. Das Treffen war von einem Cousin des großen Komponisten arrangiert worden, Moe Beethoven, dessen Bekanntschaft P. D. Q. viele Jahre zuvor in Bonn gemacht hatte. Ludwig war diesem Cousin schon immer sehr zugetan gewesen – er pflegte ihn freundschaftlich seinen »Bonn Moe« zu rufen – und freute sich, ihm einen Gefallen erweisen zu können, indem er einen seiner alten Freunde empfing. Es war das letzte Mal, daß Ludwig Moe einen Gefallen tat, denn kaum hatte P. D. Q. den Meister einmal besucht, tauchte er nun jedesmal, wenn er in die Stadt kam, in dessen Wohnung auf, nicht ohne vorher eine Weile auf der Straße gestanden und auf die erhabenen Klänge gelauscht zu haben, die aus dem Fenster wehten. Sobald er den Raum betrat, nahm er einen Zug aus Beethovens Fünfter, setzte sich ans Klavier und machte sich daran, seinem hilflos ausgelieferten Zuhörer sein neuestes Stück aufzudrängen. Zu den Dingen, die P. D. Q. von Beethoven übernahm, gehört seine Freude am starken Kontrast, verschiedene Stücke aus Silber und die Angewohnheit, Noten auf seine Ärmel zu schreiben, wenn kein Papier zur Hand war.

THE METROPOLITAN MUSEUM OF ART, THE CROSBY BROWN COLLECTION, 1901

TAFEL 43

Prinz Freds Landsitz, das berüchtigte Schlampampenschloß, knapp eine Meile südöstlich von Wein-am-Rhein. Am Ende der allnächtlichen bacchanalischen Lustbarkeiten des Prinzen wurden einige der aufbrechenden Gäste, da unfähig, sich noch mit den Treppen ins Benehmen zu setzen, zum in der Mitte liegenden Schacht geführt. Wenn sie in den leeren Turm traten, drückte ihr Gastgeber den Knopf AB, worauf sich der Turm mit 500 Pfund Gänsefedern füllte, damit dem ansonsten erfreulichen Abend kein unschönes Ende folgte.

In diesem Schloß nahm der gefahrvolle Ausgang von P. D. Q. Bachs Leben in Wein-am-Rhein seinen Anfang. Am 30. April 1807, ungefähr einen Monat nach P. D. Q.s 65. Geburtstag, ehrte ihn Prinz Fred mit einem als »P. D. Q. Bach Retrogressive« angekündigten Konzert in der Großen Halle des Schlampampenschlosses. Alle Freunde von P. D. Q. waren eingeladen, auch die mit dem schlechtesten Ruf, und sie alle schafften den Berg hoch zum Schloß. Nicht weniger als zehn Werke standen auf dem Programm, aber während der »Echosonate für zwei unfreundliche Instrumentengruppen«, mit der das Konzert eröffnet wurde, brach ein Streit aus, und bald befand sich die ganze Versammlung in einem wilden Jeder-gegen-jeden, das das gesamte Schloß zu zerstören drohte. Aus Furcht vor einem solchen Ende schlug Prinz Fred vor, das Konzert doch im Etablissement der Frau Höllender fortzusetzen, was einstimmig angenommen wurde.

TAFEL 44

Als die buntgemischte Versammlung von Musikern, Sängern und Zuhörern bei Madame Höllender ankam, war der Zank, der das Konzert in Prinz Freds Palast so gestört hatte, vergessen, und desgleichen das Konzert. Auf nebenstehendem Stich sehen wir im Hintergrund P. D. Q. Bach, wie er mit der Wirtin ißt und trinkt; links bei den beiden »Kellnerinnen« ist Enrico Carouso, der berühmte Ladenkontortenor, dessen Unfähigkeit, Sprößlinge zu zeugen, ihn beim weiblichen Publikum so besonders beliebt machte. Der Herr rechts ist der Bürgermeister von Wein-am-Rhein, der sich offensichtlich abwandte, als er sah, daß eine Zeichnung angefertigt wurde, und gleich hinter ihm liegen Mitra und Stab des Bischofs Walburga. Auch er hat den Künstler bei der Arbeit gesehen und sich hinter die Stellwand (links) zurückgezogen, über der sein Meßgewand hängt. Den Erinnerungen eines der Teilnehmer[1] zufolge tauchte Bischof Walburga auf, sobald das Bild fertig war; er nahm nicht an den Festlichkeiten teil, sondern lud, als bei Frau Höllender der Wein ausging, die ganze Gesellschaft in seine Kirche ein, wo es, wie er behauptete, die »besten Weine der Christenheit« gebe.

1 »Pipes and Ale: The Memories of Thomas Collins«, Edinburgh 1809

TAFEL 45

Bischof Walburgas Kirche, Unser Lieb Abendfrau, war die einzige Kirche in Wein-am-Rhein. »De Bisch«, wie er in seiner Diözese gerufen wurde, begrüßte alle in »Gottes Einkehr«, und man bildete eine Eimer-Kette vom Keller ins Schiff. Der folgende Bacchusdienst tobte die Nacht hindurch und stieß in Tiefen trunkener Hingabe vor, die in den Annalen der abendländischen Ausschweifung wohl einmalig sind.

TAFEL 46

Unser Lieb Abendfrau am Tag danach. Auch wenn dies eine moderne Photographie ist, sieht die Kirche genauso aus wie am Morgen des 1. Mai 1807, da die päpstliche Bulle, die Bischof Walburga exkommunizierte, gleichfalls anordnete, daß die Kirche unverändert als dauerndes Mahnmal an die Folgen »rücksichtsloser Säkularisierung heiliger Weinlager« erhalten werde[1].

P. D. Q. war natürlich schon lange vorher exkommuniziert worden, als er zur Todsünde erklärt wurde; aber die Möglichkeit, daß die über die Kirche hereingebrochene Verwüstung in gewissen Kreisen durchaus als unmittelbare Wirkung seiner Musik angesehen werden könnte, ließ ihn um seine physische Sicherheit in Wein-am-Rhein fürchten. Die Zeiten der schlimmsten Inquisition waren vorüber, aber Rom hatte immer noch seine Möglichkeiten, und P. D. Q. hatte sich schon öfters über die zwei Fremden mit italienischem Akzent gewundert, die seit der Aufführung seiner »Missa hilaris« einige Jahre zuvor immer wieder hier herumlungerten. Und so verließ P. D. Q. Bach am frühen Morgen des Tages nach dem wohl kurzlebigsten Konzert der Geschichte mit dem wohl langlebigsten Kater der Geschichte eilends die Stadt und blieb ihr Zeit seines Restlebens fern, womit er seine Lebenszeit zu einem würdigen Abschluß brachte.

1 Schließlich schaffte es der Bischof nach einigen geschickten politischen Machinationen, wieder in die Kirche aufgenommen und sogar heiliggesprochen zu werden. Die Nacht von P. D. Q. Bachs denkwürdigem Konzert wird im deutschsprachigen Raum noch immer WALPURGISNACHT genannt.

TAFEL 47

Angesichts der Notwendigkeit, ins Exil zu gehen (er muß geglaubt haben, vorübergehend), entschied sich P. D. Q. für eine Stadt, die er unter vergleichbaren Umständen schon 52 Jahre vorher besucht hatte, als er und Zahnstochter nach dem katastrophalen Zwischenfall mit Fürst Ferdinand (vgl. S. 33) aus Dudeldorf geflohen waren. P. D. Q. hatte nur liebe Erinnerungen an Baden-Baden-Baden[1], und da er nun ein wohlhabender Mann war und sich denselben aufwendigen Lebensstil leisten konnte, den schon Fürst Ferdinands angeeignete Börse beim vorherigen Besuch ermöglicht hatte, freute er sich nicht wenig auf einen Szenenwechsel.

1 hier dargestellt, wie es nach P. D. Q. Bachs Todesfeier wieder aufgebaut worden ist.

TAFEL 48

Leider war ihm sein Ruf diesmal vorausgeeilt, und Baden-Baden-Baden war nicht Wein-am-Rhein; sobald sich die Nachricht von seiner Ankunft in der Stadt verbreitet hatte, zogen 90 % der Bevölkerung aus. Gequält von der sich daraus ergebenden Einsamkeit und von einer Schlaflosigkeit, die noch von dem weiterhin seinen Kopf marternden epochalen Kater stammte, vertrieb sich P. D. Q. die Zeit mit dem Schreiben von Stücken in Fortsetzungen, wobei er ohne Pause vom einen zum nächsten überging, allenfalls hielt er einmal ein, um sich zu kratzen. Es gibt keinen Zweifel: P. D. Q., der sonst so ein Faultier war, schrieb die Musik nur, um sich seinen Kopf aus dem Kopf zu schlagen; das einzige an seinem Aufenthalt in Baden-Baden-Baden, wovon man sagen kann, er habe es genossen, war der überraschende Besuch eines seiner wenigen ihm wohlgesonnenen Verwandten.

TAFEL 49

1807 war Betty-Sue Bach nicht mehr das Mädel von 1766, aber P. D. Q. genausowenig. Offensichtlich teilte sie seine Liebe für Essen und Trinken, und er freute sich, sie in Baden-Baden-Baden zu sehen, wenn er auch nicht in Form war, die Dinge zu tun, deretwegen er sie mochte. Betty-Sue hatte in Freiburg Ferien gemacht und hatte anschließend P. D. Q. in Wein-am-Rhein besuchen wollen; als aber der Flüchtlingsstrom aus Baden-Baden-Baden Freiburg erreichte, sprach sich der Grund des Aufbruchs bald herum; sobald sie von P. D. Q.s neuem Aufenthaltsort erfuhr, eilte Betty-Sue zu ihm – und keinen Moment zu früh. Denn am Tag nach ihrer Ankunft, genau um sieben Uhr abends am 5. Mai 1807, lehnte sich P. D. Q. zu Betty-Sue vor und sagte mit heiserem Flüstern: »Wir schließen, meine Herren.« Mit diesen Worten fiel die »wandelnde Kneipe«, wie er in London genannt wurde, zurück und vertauschte im Alter von 65 Jahren diese Welt gegen die nächste.

TAFEL 50

Da P. D. Q. bei seinem Tode ein wohlhabender Mann war, ließ ihn Betty-Sue in einem großartigen Mausoleum am Baden-Baden-Badener Stadtrand beisetzen; und auf dieses Grabmal waren die widersprüchlichen Daten 1807–1742 graviert, zusammen mit einem Epitaph, den vermutlich der örtliche Knittelversehauer[1] verfaßte:

Hier liegt ein Mann ganz ohnegleich,
Sein Leibe dick, an Sünden reich;
Wir haben ihn ins Grab gesteckt,
Weil es uns dünkt, er sei verreckt.

Schließlich setzte P. D. Q. Bachs Familie durch, daß er in ein unbezeichnetes Armengrab überführt wurde; das Mausoleum wurde in den 1840ern von einer Abrißtruppe unter der Leitung von Felix Mendelssohn zerstört (mit der unverhohlenen Billigung von Wilhelm Friedemann Ernst Bach, dem letzten männlichen Nachkommen von Johann Sebastian). Zum Glück für die Nachwelt sind ein paar detaillierte Abbildungen erhalten.

1 Es oblag diesen kleineren Beamten, kurze Gedichte zu verfassen und sie als Kanon oder (in England) als Gassenhauer in Musik zu setzen.

TAFEL 51

Sobald die Nachricht von P. D. Q. Bachs Tod im Lokalanzeiger erschien, kehrten alle in die Stadt zurück, und das Leben in Baden-Baden-Baden normalisierte sich wieder.

TAFEL 52

Trotz P. D. Q. Bachs zeitigem Tod ging Betty-Sue nach Wein-am-Rhein und heiratete, wie schon weiter vorne angedeutet, einen von P. D. Q.s standhaftesten Trinkgenossen, Jonathan »Boozey« Hawkes. Doch hat sie P. D. Q. nie vergessen. Als sie Jahre später in Liverpool die Nachricht von der Entfernung des Leichnams aus dem Mausoleum durch die Bach-Familie und von der Tilgung der Inschriften des Grabmals erreichte, schickte sie einem Künstler, den ihr Mann in Wein-am-Rhein kannte, ein wenig Geld, mit der Bitte, ein angemessenes Denkmal für ihren Vetter zu errichten. Das Denkmal steht noch, und auf seiner Tafel ist immer noch der Vers zu lesen, den »Boozey« und Betty-Sue zum Gedenken an den eigenartigsten Komponisten der Welt verfaßten:

Hier liegt er tot, wie einst in Lebens Brunst,
Der Welten Müh' und Hader bleibt ihm ferne.
Kein eitler Fratz verwirrt die weiche Birne
Und selbst der Ehrgeiz wartet jetzt umsunst,
Daß er erwacht. Oh Gabriel, spiel auf!
Nichts als ein Gähnen ernt'st zum Lohne du
Denn, wann er will, erhebt sich P. D. Q. –
Und auch Gott selber wartet noch darauf.

III

MENSCH ODER MYTHOS? AUF DER SUCHE NACH P. D. Q. BACH

»Montag! Ha, Ha!«
– Shakespeare, *»Romeo und Julia«*

Da sich die Forschungsmethode des Autors bei seiner Suche nach P. D. Q. Bach und seiner Musik in vieler Hinsicht einigermaßen unterscheidet von der anderer Gelehrter bei ihrer Suche nach Mozart und Haydn und all den wenigen, aber nichtsdestoweniger fähigen Komponisten, die die musikalische Landschaft der Aufklärung bevölkerten, scheint es mehr als ratsam, dem Leser eine kurze Abhandlung dieses interessanten Themas von nicht geringem Interesse an die Hand zu geben. Dieser Abschnitt besteht also aus vier zueinander gehörenden Teilen: 1) die Entdeckung von Manuskripten und anderem Material; 2) die University of Southern North Dakota zu Hoople, deren wenn auch unfreiwillige Unterstützung (der Autor erhielt sein Stipendium, bevor der Dekan – oder gar der Leiter des Musikwissenschaftlichen Instituts – P. D. Q. Bachs Musik gehört hatten; und die zahlreichen Versuche, den Vertrag mit dem Autor trotz seines Stipendiums zu stornieren, wurden durch ein ungewöhnlich militantes Kapitel der American Association of University Professors[1] unter der Führung von Prof. Sven »Chainsaw« Swenson vereitelt) von unschätzbarem Wert war, vor allem insofern, als sie den Autor mit den wenigen willigen Studenten zusammengebracht hat, die bereit sind, den Steinen und Pfeilen entgegenzutreten, die die Davids und Wilhelm Tells unter ihren Kommilitonen und Vorgesetzten ihnen entgegen schleuderten; 3) die Auffindung der Nachkommen P. D. Q.s und seiner Cousine[2] Betty-Sue Bach, wobei die Illegitimität jener sexuellen

1 A. A. U. P.

2 genau: Cousine ersten Grades um eine Generation verschoben

Vereinigung die genealogischen Forschungen äußerst schwierig gestaltet; 4) diverse Manuskripte, einschließlich Zeichnungen, unvollendete Werke, versuchte Stiche und anderes Material; das biographische Interesse daran macht seinen allgemein geringen musikalischen Wert wieder wett.

Wir hoffen, den Leser mit diesen Informatiönchen zufriedengestellt zu haben, zumindest was den mißverständlichsten Komponisten angeht, der jemals das Smörrebröd der Musikgeschichte bekleckerte.

Die Entdeckung von P. D. Q. Bachs Oratorium »Die vier Haaresbreiten« durch den Autor am 11. Dezember 1965 hinter einem Restaurant in Kandern, Deutschland, am Rande des Schwarzwalds.

Fast auf den Tag genau drei Jahre später wurden die zwei Madrigale aus den »Triumphen der Thusnelda« auf einem leeren Baugrundstück in einer Londoner Vorstadt gefunden. Weil er unter der Behauptung einiger Kommentatoren zu leiden hatte, es bestünde eine Ähnlichkeit zwischen ihm und P. D. Q., hat sich der Autor einen Bart wachsen lassen.

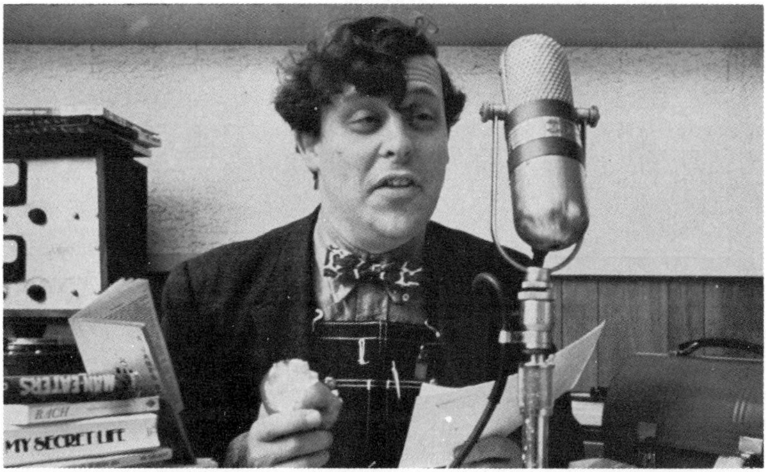

Die Radiosendung »Report from Hoople«, ein früher Versuch, die Musik von P. D. Q. Bach dem Publikum vorzustellen, wurde 1967 von der Federal Communication Commission abgesetzt.

Es ist dem Autor zur Tradition geworden, im »Trank-Spiel«, einer Dramatisierung von P. D. Q. Bachs Leben, die alle zehn Jahre von ausgewählten Studenten und Einwohnern in Hoople aufgeführt wird, die Rolle des P. D. Q. zu spielen.

Ein Reklame-Photo für das zweite Konzert mit P. D. Q. Bachs Musik in Philadelphia, einer der Hochburgen amerikanischer Musik-Kultur.

Das Konzert selbst war nicht so gut besucht wie das erste. Eine Zeitschrift erwähnte »lange Schlangen an der Kasse«, doch muß der Ehrlichkeit halber gesagt werden, daß es Leute waren, die ihr Geld zurückverlangten.

Die Universität von Southern North Dakota zu Hoople, Ansicht von Süden, über den Campus.

Noch eine Ansicht.

Das Gebäude der Naturwissenschaftlichen Fakultät.

Das Gebäude der Philosophischen Fakultät.

Das Landwirtschaftliche und Theaterwissenschaftlichs-Seminar, rechts daneben der Verwaltungstrakt.

Die meisten Studenten leben zu Hause und kommen zum Campus; nur wenige Unverfrorene leben in der Loft Hall, einem rustikalen, aber behaglichen Wohnheim.

Der Autor zu Beginn eines Tages voll Unterrichtsstunden, die beide im Nordflügel des Henry A. Wallace-Gedenkstalls abgehalten werden. Das Gebäude im Hintergrund ist die Staatliche Besserungsanstalt für leichte Mädchen und Huren.

Neu entdeckte Choral-Werke werden im allgemeinen zuerst von den Orpheus-Schnuckies aufgeführt, einem Gesangverein, der sich aus dem Friseur-Quartett, den Calico-Kätzchen und den Ginseng-Rüden, einem weiblichen Vokal-Trio, zusammensetzt.

Zunächst war die Suche des Autors nach P. D. Q. Bachs Manuskripten eine einsame. Mittlerweile aber geht er oft mit den Mitgliedern seines Graduierten-Seminars »Originalität durch Unfähigkeit«, in dem ein vertieftes Studium von P. D. Q. Bachs Stil angeboten wird, auf Expedition. Die Bilder auf den folgenden Seiten dokumentieren die Entdeckung der »Tuut-Suite«.

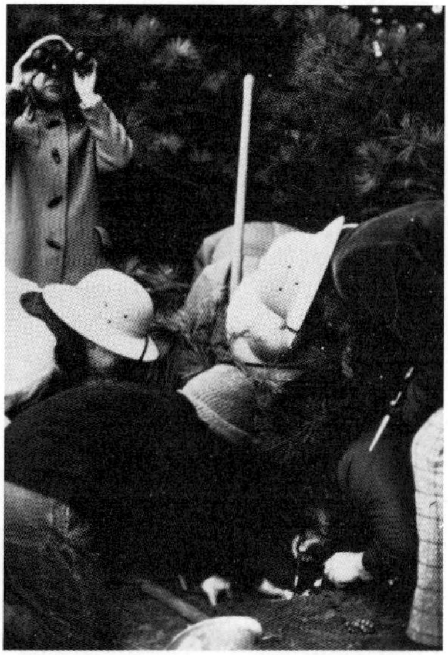

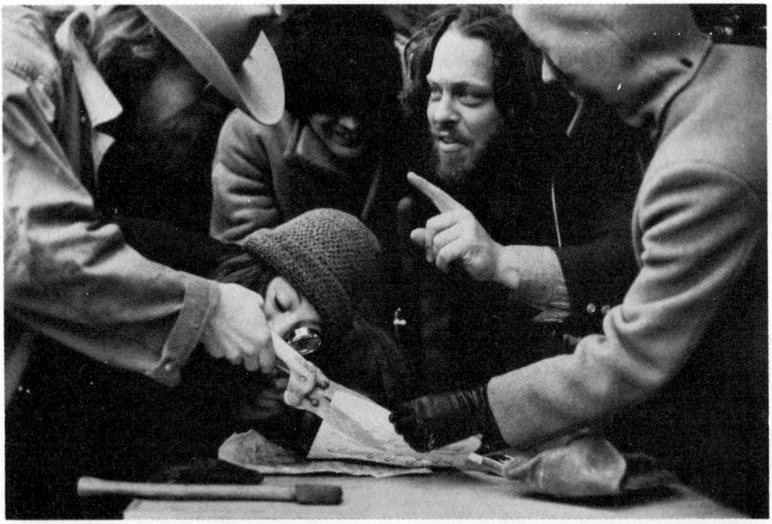

Z07
Y-5603

Historisch gesehen gibt es keinen Zweifel, daß der wichtigste Durchbruch der P. D. Q. Bachiographie der letzten Jahre die Ortung von P. D. Q.s letzter Ruhestätte war, einem unbezeichneten Armengrab, in das er von seinen Verwandten verlegt worden war. Der Autor und seine Studenten griffen einen Hinweis aus der Schwarzwald-Legende auf, nach der das Stück Erde, wo P. D. Q. Bach begraben wurde, Europas beste Trauben trägt, und nach wochenlangen Weinproben rheinauf und rheinab entdeckten sie dieses schlichte, nicht bezeichnete Grab auf einem sanften Hang zwischen Wein-am-Rhein und dem Nachbarort Gluck. In der Nacht des 31. Oktober 1974 wurde der Sarg gehoben und geöffnet, und selbst wenn die verschiedenen wissenschaftlichen Untersuchungen, denen das Skelett unterzogen wurde, die Identität des Leichnams nicht eindeutig beweisen konnten, ist doch der Umstand, daß die linke Hand einen Bierkrug hielt und die rechte ein Stück Notenpapier, auch für den beschränktesten Pedanten ein hinreichender Nachweis. (Das Photo des Grabes und des Daumens des Autors stammt vom Autor.)

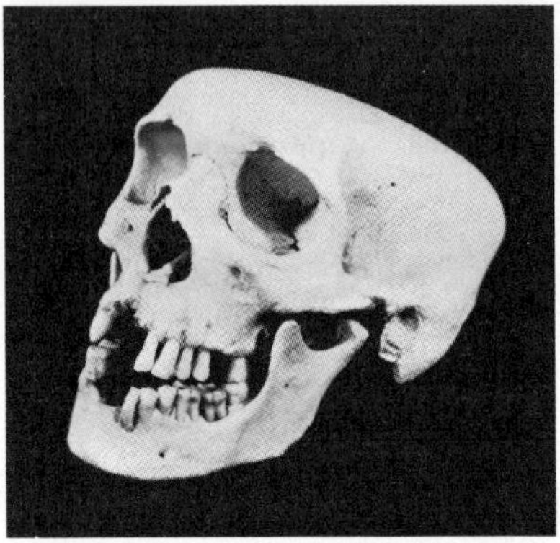

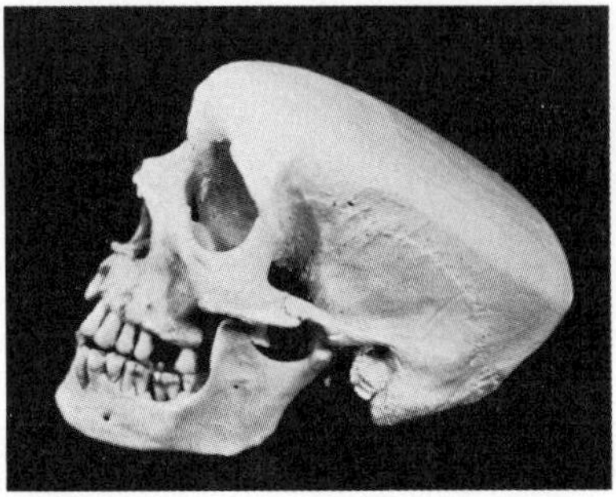

Zwei Ansichten von P. D. Q. Bachs bemerkenswertem Schädel. Die wahrhaft beeindruckende Winzigkeit der Hirnschale könnte nach Aussage von Anatomie-Fachleuten durchaus einen Einfluß auf P. D. Q.s musikalisches Denken gehabt haben. Eine Untersuchung der Innenseite des Schädels erwies, daß der Kater, der P. D. Q. während der gesamten Reumut-Phase geplagt hatte, so hartnäckig war, daß er P. D. Q.s Tod überlebte. Und Bach könnte ihn tatsächlich immer noch haben: Untersuchungen mit der neuen Alkohol-Datierungs-Technik ergeben, daß ein Kater eine Halbwertzeit von einhundertundvierzig Jahren haben kann.

Viele von P. D. Q.s und Betty-Sues Abkömmlingen blieben unauffindbar, zum großen Teil wohl aufgrund absichtlicher Namensänderungen und anderer Verdunkelungsversuche. Einige sind aber trotzdem identifiziert worden, und einige wurden mit der Eindeutigkeit erdrückender Indizienbeweise dingfest gemacht.

Einer von P. D. Q.s Enkeln war Sir Edmund Bach. Ihm gelang als erstem der Abstieg vom Matterhorn.

Sir Edmunds zweiter Sohn, Zwei Bach, wanderte in die USA aus, wo er auf mindestens einer Seite am Bürgerkrieg teilnahm und den Spitznamen »Old Ironstomach« (»Alter Eisenbauch«) erhielt.

Balder Bach war Buchhalter in einer Hamburger Homburg-Fabrik. In seiner Freizeit goß er Tinte auf die Straße.

Damon »Dimmy« Bach hält seine Stellung als Türhüter eines Liverpooler Hotels, das seit 13 Jahren geschlossen ist. Er verweigert jegliches Gespräch über seine Vorfahren.

Nachdem er eine Flasche Schnaps erhalten hatte, gab »Sneaky« Pete Bog zu, daß seine Eltern sich noch »Bach« geschrieben hatten. Er gab außerdem zu, den Reichstag angesteckt, die Unabhängigkeitserklärung unterzeichnet und 25 Goldmedaillen bei der Olympiade in Tokio gewonnen zu haben.

»Sneaky« Pete gab uns den Hinweis auf seinen reichen Onkel, der auch seinen Namen geändert habe, wenn er auch nicht wußte, wie er sich jetzt nannte. Obwohl der Autor den Mann stundenlang beschattete und ihn fünfmal photographieren konnte, war niemand, der die Bilder sah, imstande, ihn zu identifizieren.

Brock Bock ist der Werbeagent einer New Yorker Theatergesellschaft. Sein Treffen mit dem Autor wurde von einem Studenten von der anderen Straßenseite aus photographiert.

Auf die Frage, ob er oder seine Familie die Schreibung seines Nachnamens geändert hätten, wurde Herr Bock noch weniger herzlich.

Der Autor, der diese Art Reaktion auf seine Fragen gewöhnt ist, versuchte, guter Laune zu bleiben.

Nachdem es ihm gelungen war, den Fragen des Autors auszuweichen, entdeckte Herr Bock, offenbar ein mißtrauischer Zeitgenosse, den Photographen, bevor dieser von einem Bus überrollt wurde.

Der einzige gesicherte Nachkomme P. D. Q.s, den der Autor ausfindig machte, war Brunhilde Bach, bei ihren Freunden als »Bébé« bekannt. Weit davon entfernt, sich ihres Vorfahren zu schämen, formte »Bébé« Bach vielmehr ihr Leben nach dem Vorbild P. D. Q.s; sie trank und aß und spielte das Klavier ganz so, wie er es vor zweihundert Jahren getan hatte. Leider hat sie nicht seine Konstitution geerbt, und kurz nach dieser Aufnahme starb sie im Alter von 29 Jahren.

Einer von P. D. Q. Bachs besten Freunden war ein Elsässer Künstler namens Hans-Jacques Pferdemerde; die Seite aus dem Skizzenbuch von 1780, von der diese Zeichnungen stammen, ist unterschrieben mit »chez le komponist P. D. Q. Bach, en attendant Ihnen venir à« (»Daheim beim Komponisten P. D. Q. Bach, in Erwartung daß er dazu komme«).

Eine Seite aus P. D. Q.s äußerst seltenen Notizbüchern mit der Ouvertüre zu »Iphigenie in Brooklyn«, den Namen verschiedener weiblicher Bekannter, einer Einkaufsliste sowie einigen thematischen Einfällen, die er wohl nicht für ausarbeitenswert hielt (die Notiz unten rechts blieb offensichtlich ohne weitere Beachtung). Desgleichen zeugt diese Seite von seinen Empfindungen gegenüber seinem Bruder Johann Christian, und wie er beim Schiffchenversenken mogelte.

Ein Fragment der »Andre Gigue« aus dem »Notenbüchlein für Betty-Sue Bach« mit den Ringen, die P. D. Q.s Bierkrug auf dem Manuskriptpapier hinterließ. Derartige Spuren, die P. D. Q. nach seiner Lieblingsbiermarke »Ring des Nibelungen« nannte, haben erheblich zur Bestimmung und Datierung vieler P. D. Q.-Manuskripte beigetragen.

Der Anfang eines anderen Stücks aus dem »Notenbüchlein für Betty-Sue Bach«, aus den »Edsel«-Skizzen. Dem P. D. Q. Bach-Museum an der University of Southern North Dakota zu Hoople von der Ford Foundation gestiftet.

Ein unvollständiges Klavierstück mit inversiblem Kontrapunkt.

In der Zeit des entscheidenden Auftakts versuchte P. D. Q., die Schritte und die musikalischen Eigenschaften der unterschiedlichen Barock-Tänze kennenzulernen.

P. D. Q.s Abschreiberei hatte viele Formen, einige unterschwelliger als die anderen. Wenn man diese unvollendete Klaviersonate umgekehrt vor den Spiegel hält, erweist sie sich als identisch mit den ersten acht Takten von Mozarts berühmter C-Dur Sonate.

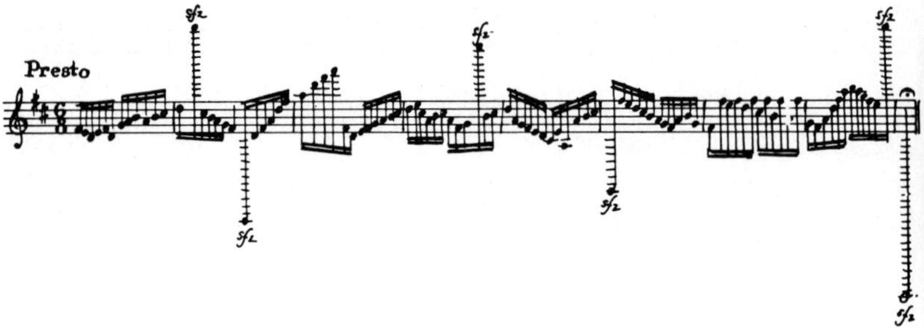

Um 1800 beauftragte eine der interessantesten Persönlichkeiten aus Wein-am-Rhein, ein geheimnisvoller Gebißmacher namens Doktor Schmerzlos, P. D. Q. mit der Komposition eines großartigen Werkes mit dem Titel »Trance- und Dental-Etüden«; Band I sollte nur für die rechte Hand sein, und Band II für die linke. P. D. Q. machte ein paar vereinzelte Entwürfe, jedoch kam es nicht zur Vollendung, da Doktor Schmerzlos 1801 starb und somit nicht mehr an das Honorar zu kommen war.

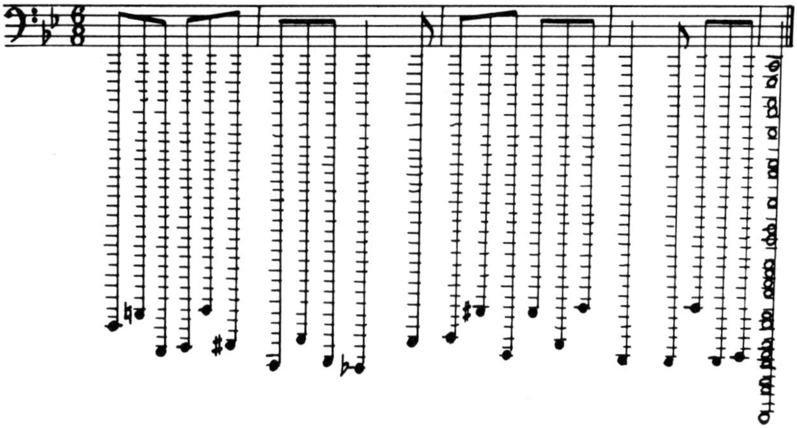

Die »Trance- und Dental-Etüden« waren offenbar für das Überklavier geschrieben, das 1797 Klarck Känt entwickelt hatte, ein Münchner Klavierbauer, der das neue Instrument P. D. Q. auf einer seiner Geschäftsreisen gezeigt haben muß. Es hatte eine Spanne von über fünfzehn Oktaven, aber sein Gebrauch erfuhr weniger Ausdehnung als die Tastatur.

P. D. Q.s hier und auf den folgenden Seiten gezeigten Versuche, seine Stücke zu stechen, waren noch kläglicher als die Versuche, sie zu komponieren.

dim.

II

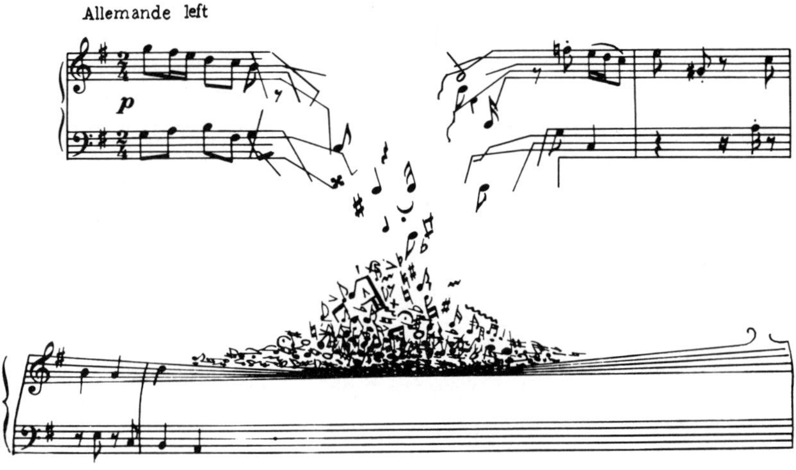

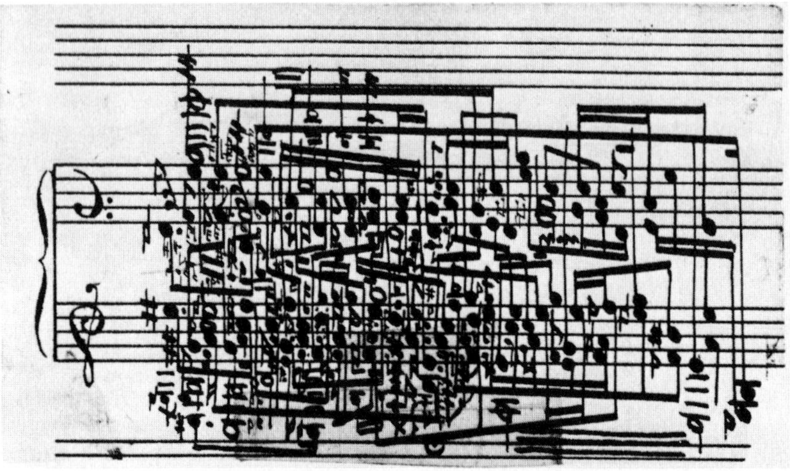

Zum Ende seines Lebens wurde P. D. Q. sehr sparsam; dieser Versuch, eine ganze Klaviersonate auf eine Manuskriptseite zu schreiben, muß noch entziffert werden.

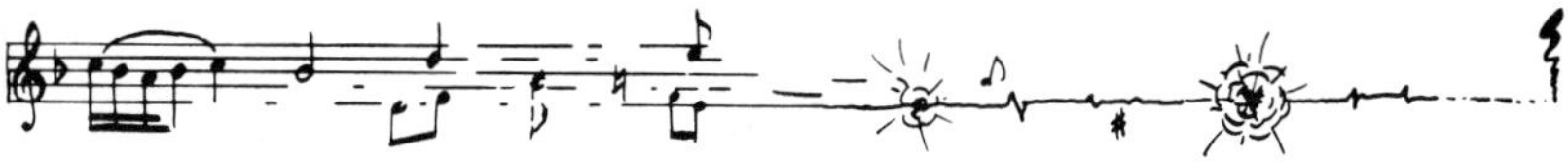

Anders als Mozarts »Requiem« und Bartóks »Drittes Klavierkonzert« ist das Stück, an dem P. D. Q., Bach bei seinem Tode arbeitete, von niemandem vollendet worden.

Hans-Jacques Pferdemerde entwarf dieses Exlibris als Geschenk für P. D. Q. der es, da er nie las, als Untersetzer benutzte.

IV

»OH KNALLER GRAUS«

EIN KOMMENTIERTER KATALOG DER MUSIK P. D. Q. BACHS

»Nehmen Sie stets neue Einmachgummis.«
– Fannie W. Farmer,
The Boston Cooking-School Cook Book«

Wie Mozart und Fats Waller hat P. D. Q. Bach seine Werke nicht mit Opuszahlen versehen; der Verfasser hat darum die Verantwortung auf sich genommen, einen Werk-Katalog zu erstellen, wobei die Zahl in Klammern nach dem Titel eines jeden Werkes seine Nummer im Schickeleverzeichnis angibt. Da die Unzulänglichkeit unserer Kenntnis von P. D. Q. eine chronologische Anordnung ausschließt, sind die Nummern den Werken aufgrund stilistischer statt chronologischer Erwägungen zugeteilt worden; innerhalb jeder Schaffensperiode sind die Werke in der Reihenfolge ihrer Entdeckung angeordnet.

Die Nummern in Klammern nach der Tonart oder der Instrumentation bei vielen der Werke (z. B. Aufn. 2 & 5), beziehen sich auf die Diskographie im Anhang.

Wer der Meinung ist, die Aufführung von P. D. Q. Bachs Musik stärke – wie kalte Duschen oder rohe Eier – den Charakter, den wird die Information interessieren, daß die meisten der Stücke aufgrund eines kolossalen Mißverständnisses gedruckt erhältlich sind: sie können bei der Theodore Presser Co., Bryn Mawr, Pennsylvania 19010 gekauft oder geliehen werden; auf Anfrage wird ein Verlagsprospekt zugesandt.

1
DER ENTSCHEIDENDE AUFTAKT

Der entscheidende Auftakt war die Phase, während der P. D. Q. all das lernte, was er je über das Handwerk des Komponisten erfahren hat; sie dauerte ungefähr sechs Tage. Die in dieser Zeit geschriebenen Stücke zeigen, daß P. D. Q. in Wien, wo er damals lebte, bei niemandem studierte; die Arbeiten aus dem Entscheidenden Auftakt sind nach dem Vorbild der Musik verfaßt, die P. D. Q. als Knabe in Leipzig gehört hatte: Musik von Vivaldi, Telemann und vor allem von seinem Vater. Er muß erkannt haben, daß dieser Stil 1777 hoffnungslos außer Mode gekommen war, wird sich aber gedacht haben, daß er als erster den Rahm abschöpfen könnte, wenn dieser Stil wieder in Mode käme.

Aller Wahrscheinlichkeit nach war P. D. Q.s erster kompositorischer Versuch die »Neo-Triosonate«, die er Padre Martini in Wein-am-Rhein zeigte. Obgleich das Manuskript verschollen ist, überlebte doch die Beschreibung durch den italienischen Meister[1], der wir entnehmen können, daß das Stück ein beachtlicher Tribut an die Unerfahrenheit seines Verfassers war.

---

1 aus dem Zusammenhang gerissen irgendwo in diesem Buch zitiert.

TRAUMAREI
für Soloklavier (S. 13)
d-Moll (Aufn. 3)

Die »Traumarei« gibt es in zwei unterschiedlichen Versionen, von denen die spätere zum »Notenbüchlein für Betty-Sue Bach«[1] gehört; dennoch wird sie vernünftigerweise hier behandelt, weil sie zuerst allein gefunden wurde und sie das einzige Stück im »Notenbüchlein« aus der Zeit des Entscheidenden Auftakts ist. Von den drei erhaltenen Stücken aus dieser Periode ist die »Traumarei« das anspruchsloseste und darum das erfolgreichste. Es ist ein langsames, besinnliches Werk; gelegentliche Ausbrüche schneller Tonleiter-Passagen wechseln ab mit ziellosen Klimpereien, als habe der Komponist das Stück in einer kalten Winternacht am Klavier geschrieben, in Gedanken bei einem vergangenen Alptraum, fern, aber nicht vergessen. Die Versuchung, das Titel-Trauma gleichzusetzen mit dem Tod des Vaters des Komponisten, als P. D. Q. acht Jahre alt war, ist unwiderstehlich, was von dem Stück selbst eigentlich nicht gesagt werden kann; als das Werk eines abseitigen Amateurs hat es immerhin die Tugend der Bescheidenheit, indem es nicht mehr zu sein beansprucht, als es ist: abseitig und amateurhaft.

Der Verfasser der vorliegenden Abhandlung hatte das Glück, bei einer seiner Manuskript-Jagden in Europa auf genau das Klavier zu stoßen, daß P. D. Q. Bach in der Zeit des Entscheidenden Auftakts besessen hatte; der verstauchte Knöchel ist in den Augen des Autors ein geringer Preis für

1 bei Bedarf s. u., sonst eben s. n. u.

einen so wichtigen Fund, denn das Furtfurt-Klavier beantwortet eine Frage, die den P. D. Q.-Bach-Forschern seit der Entdeckung der »Traumarei« auf den Nägeln brennt: Warum wurde die »Traumarei«, die doch eindeutig barock ist und nicht klassisch, für Klavier geschrieben und nicht für Cembalo? Zwar wurde das Pianoforte[1] mit seiner typischen Hammermechanik (im Gegensatz zu der gleichfalls typischen Zupfmechanik des Cembalos) schon Anfang des 18. Jahrhunderts entwickelt, aber erst im letzten Viertel des Jahrhunderts begann es, das Cembalo zu verdrängen, und Barockmusik, die ausdrücklich für das Klavier geschrieben ist, ist wirklich selten, wenn auch nicht so selten wie romantische Musik für Krummhorn. Schrieb nun P. D. Q. für das, was er in einem Moment untypischer Klarsicht als den neuen Trend erkannte, oder schrieb er bloß für das, was gerade zur Hand war?

Die Antwort auf diese Frage führt genauso in die Irre wie die Frage selbst. Beim Hören des Klaviers[2] erstaunt die Erkenntnis, daß P. D. Q. kompromißloser war, als wir dachten, denn selbst in Anbetracht der zweihundert Jahre unsachgemäßer Behandlung (der derzeitige Eigentümer, Herr Heinrich Seifenblase, benutzt die Saiten, um harte Eier zu schneiden und Käse zu reiben; wiederholte Versuche, das Musikwissenschaftliche Institut der U. of S. N. D. zu H. dazu zu bringen, das Piano zu kaufen, sind wiederholt von einem gewissen Professor torpediert worden, der ungenannt bleiben soll[3]) ist

1 nicht zu verwechseln mit Panforte, einer Sorte italienischen Frucht-Nuß-Kuchens, der, obwohl ihm der Tonumfang und die Vielseitigkeit des Pianoforte abgehen, wesentlich besser schmeckt.

2 was die Leser mit einer wissenschaftlichen und/oder masochistischen Neigung mit der o. a. Aufnahme tun können

3 Sie wissen, wer gemeint ist, Dr. Johansen!

der Ton des Furtfurt-Klaviers erstaunlich blechern; seinen Klang könnte man am besten als eine grausige Kombination von Cembalo und Kazoo beschreiben.

ECHOSONATE für zwei unfreundliche Instrumentengruppen (S. 999$_{99}$) F-Dur; Flöte, Oboe, Fagott, Horn, Trompete, Posaune (Aufn. 3)

In diesem Werk beweist P. D. Q. seine Unfähigkeit im Umgang mit dem Echo, einer in der Struktur der Barockmusik so zentralen Konzeption, daß P. D. Q. sie kaum weniger kennen als verstehen konnte. Die musikalischen Phrasen der Holzbläser würden für sich allein einen großen Schritt nach vorn bei dem Neophyten Bach bedeuten, da sie im Vergleich zur »Traumarei« gut durchdacht sind; aber die Antwort auf diese Phrasen, die von den Blechbläsern kommt, wischt sofort jede leicht optimistische Erwartung hinweg, die der Zuhörer während der ersten vier Takte gehegt haben könnte. Vielleicht ist es der Mühe wert, das Stück etwas genauer zu betrachten; möglicherweise läßt sich ein Einblick in P. D. Q. Bachs Persönlichkeit gewinnen.

Die Eröffnungsphrase der Holzbläser, eine der gelungensten, die der nicht so junge Bach je hinkritzelte, findet bei den Blechbläsern äußerst grobe Antwort, so daß das schlichte Lächeln der Holzbläser zu einer diabolischen Fratze wird. Die Holzbläser fahren tapfer fort, ohne die Fassung zu verlieren, um nun seitens der Blechbläser eisernes Schweigen zur Antwort zu erhalten. Auch wenn es dem Geist des Austauschs, der dem Begriff »Echosonate« innewohnt, ebensosehr zuwiderläuft, ist Schweigen doch besser als Spott, also nehmen sich die Holzbläser zusammen und setzen wie eine Gruppe Pilger auf dem Weg ins gelobte Land demütig ihre Reise fort und übergehen das nun zunehmend störende Zwischenrufen der philisterlichen Bleche. Als sie erkennen, daß ihre Beleidigungen ohne Wirkung bleiben, werden die Bleche ihrer Belustigungen müde und entschließen sich zum Zusammenspiel mit den züchtigen Holzbläsern. Sie beginnen sogar, den Pilgern ehrerbietig zu antworten, und einen Moment lang möchte es so scheinen, als schlössen sie sich wahrhaftig jenen an, die sie gerade noch verhöhnten, aber nein – sie sind schläfrig, erschöpft von ihren groben Possen und ihr Gespräch wird immer schleppender, bis sie am Wegesrande niedersinken und entschlummern. Das geht nun aber wirklich nicht, schließlich ist das hier eine Echosonate, und das Stück kann nicht ohne sie zu Ende gehen; soweit ist es aber erst, als die verzweifelten Hölzer drohen, die gröbste Form körperlicher Gewalt anzuwenden, so daß die verschlafenen Bleche grummelnd einen letzten Ton lassen.

Man ist geneigt zu spekulieren, die beiden Instrumentengruppen in der »Echosonate« stellten für P. D. Q. Bach zwei entgegengesetzte Aspekte seiner Persönlichkeit dar[1], und in diesem Lichte ist es interessant, daß die vulgären Bleche und nicht die gesitteten Hölzer das letzte Wort haben. Dieses Werk kann in der Tat als eine Art musikalischer »Mein Kampf« angesehen werden, ein Entwurf für die Greueltaten der

1 Einer der überzeugtesten Vertreter dieser Überlegung war Florestan Schumann, dessen Artikel »Noten & Neurosen« in der Februar-Ausgabe 1854 der »Neuen Zeitschrift für Musik« in der folgenden Ausgabe durch einen anonymen Artikel mit dem Titel »Schalt ab, spann aus, und treib rheinabwärts« widerlegt wird; dieser allerdings soll aus der Feder eines entfernten Verwandten, Eusebius Schumann, stammen.

Zukunft, die, obschon wahrhaft harmlos im Vergleich zu denen, die jene spätere Geißel Europas verübte, dennoch wahrscheinlich vermieden worden wären, wenn die Leute begriffen hätten, worauf sie sich einließen.

CONCERTO INGROSSO für div. Flöten, zwei Trompeten und Streicher (S. —2) C-Dur

Majestätisch – mit einer schnellen Mäßigkeit – unglaublich majestätisch
Langsam, aber zart
Schnell, keine Mäßigkeit

Das »Concerto ingrosso« ist das magnum opus des Entscheidenden Auftakts, wenn das keinen Widerspruch in sich darstellt. Wie seine Katalog-Nummer andeutet, ist es noch ein sehr frühes Werk, aber in zweierlei Hinsicht bezeichnend: Es war P. D. Q.s erstes Orchesterwerk, und es war das erste Werk, das er für Instrumente schrieb, die andere Komponisten nicht kannten oder die nicht einzusetzen sie Geschmack genug hatten.

Die Abkürzung »div.« im Titel hat natürlich überhaupt nichts mit dem musikalischen Vortragszeichen »divisi« zu tun, vielmehr ist es eine veraltete Abkürzungsform von »diverse«, und divers sind die Flöten allerdings, die der Solist dieses Konzerts spielt. Die diversen Flöten sind hier abgebildet; es genüge der Hinweis, daß die Literatur über die linkshändige Leitungsflöte und die Jacomus-Blatt-Ulmer-Pfeife ohne P. D. Q. Bach nicht wäre, was sie heute ist.

Auf den ersten Satz, Majestätisch – mit einer schnellen Mäßigkeit – unglaublich majestätisch, folgt der zweite Satz, Langsam, aber zart; der artig kurze letzte Satz, Schnell, keine Mäßigkeit, bildet die Nachhut. Man wird sich erinnern, daß dies Werk für den Miniatur-Flötisten »Peeping« Tom Pollex geschrieben und auch von ihm uraufgeführt wurde; dank späterer Erkenntnis können wir sagen, daß P. D. Q. äußerstes Glück hatte, einen echten Virtuosen als Solisten zu haben. Pollexens Vorstellung war so verblüffend, daß niemand im Publikum zu bemerken oder sich überhaupt darum zu kümmern schien, daß dieses Stück von peinlich unbeholfenen Passagen nur so wimmelt. Professor Lewissohn Clark von der Southwestern University hat ausführlich über eine davon geschrieben, die berühmte »Nordwest-Passage«; sie steht fast am Ende des zweiten Satzes, und P. D. Q. bemüht darin zwei sehr lange Takte, um eine Kadenz vorzubereiten, die er nicht vollendet, worauf er einfach zu seinem Ausgangspunkt

Im Uhrzeigersinn von oben links: linkshändige Leitungsflöte, Ziehpfeife, 2 Tönetten, Nasenflöte, Jacomus-Blatt-Ulmer-Pfeife, Ocarina, Große Ocarina.

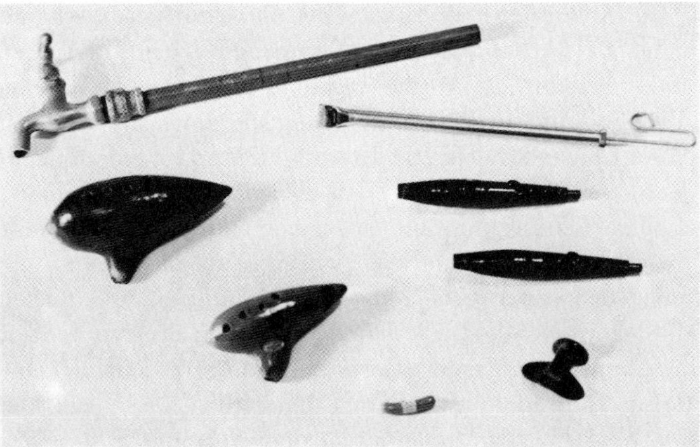

zurückkehrt und es in einer anderen Richtung versucht. Derlei Schwächen wären sicherlich der Aufmerksamkeit der anspruchsvollen Freunde des Prinzen Fred nicht entgangen, hätte nicht das überwältigende Showtalent des Thomas Pollex ihre Ohren geblendet.

2
DIE VOLLE PERIODE

Die Volle Periode war mit Abstand die längste Phase in P. D. Q. Bachs Schöpferleben; sie dauerte von Anfang 1778 bis Ende April 1807. In dieser Zeit entwickelte P. D. Q. ein reicheres harmonisches Verständnis, weil er fast ständig doppelt sah, und er begann Anzeichen jugendlicher Senilität zu zeigen, die für den Großteil seiner reiferen Werke charakteristisch ist. Unmittelbar nach dem »Concerto ingrosso« wandelte sich plötzlich sein Stil; sobald er sich nach dieser historischen Premiere in Wein-am-Rhein niedergelassen hatte, begann er, im aktuelleren Stil von Haydn und Mozart[1] zu schreiben, allerdings nicht ohne gelegentliche Rückfälle, die als Vorzeichen des frühen Stils der letzten Periode gedeutet werden können.

1 und all der weniger, aber nichtsdestoweniger doch fähigen Komponisten, die die musikalische Landschaft der Aufklärung bevölkerten.

KONZERT FÜR HORN UND HARDART (S. 27)
B♭-Ddur; Kammer-Orchester (Aufn. 1 & 5)

Allegro con brillo
Tema con variazione
Menuetto con panna e zucchero

Der Einfluß klassischer Musik auf das moderne Geschäftsleben ist alles andere als erheblich, was die Tatsache um so bemerkenswerter macht, daß eine amerikanische Automatenrestaurant-Kette nach einem deutschen Komponisten des 18. Jahrhunderts benannt worden ist, dessen bekannteste Qualität seine Unbekanntheit ist. Man darf gewiß behaupten, daß die meisten Kunden der Horn & Hardart-Lokale in New York und anderen Städten nicht wissen, daß sie indirekt einem schon lange und zu Recht verstummten Komponisten Reverenz erweisen; so ist die Ironie der Kunst.

Das Hardart ist eins der eigenartigsten Instrumente, für die P. D. Q. Bach geschrieben hat. Seine Herkunft ist nicht gesichert, aber die Gründe für sein Sterben sind peinlich eindeutig für jeden, der dieses Konzert gehört hat; tatsächlich gibt es heute kein einziges Hardart des 18. Jahrhunderts mehr (das vom Verfasser bei seinen Aufführungen dieses Konzerts benutzte ist nach zeitgenössischen Beschreibungen des Instruments von Fachleuten der Fakultät für abgeschaffte Instrumente der U. of S. N. D. zu H. nachgebaut worden). Es umspannt zwei fast chromatische Oktaven, von denen jeder einzelne Ton eine eigene Qualität oder Klangfarbe hat. Zu den Klangmechanismen gehören eine gezupfte Saite, geblasene

und geschlagene Flaschen, eine Fahrradhupe, diverse Pfeifen und eine Eieruhr. Fenster im Mittelteil, die man nach Einwurf passender Münzen in die Schlitze öffnen kann, enthalten die für die Schlaginstrumente erforderlichen Schlegel sowie Butterstullen und Kuchenstücke, die gerade bei langen Konzerten besonders willkommen sind. Ein Zapfhahn vorne spendet Kaffee; darüber findet sich die Inschrift MINOR LABOR MATRIS (Weniger Arbeit für Mutter). Die Ballons, die am Ende des Konzerts mit einem Eispickel und einer Flinte zum Platzen gebracht werden, verleihen dem ganzen eine festliche Note. Wegen seiner ungewöhnlichen Länge (über drei Meter) und der großen Vielfalt der zur Tonerzeugung erforderlichen

Bewegungen fordert das Hardart von seinem Spieler beachtliche athletische und künstlerische Fähigkeiten.

Der erste Satz, Allegro mit Brillo, ist einer von diesen typischen Sonaten-Sätzen mit der verstümmelten Wiederholung, wie man sie mittlerweile beim faulsten Komponisten der Geschichte gewohnt ist. Formal ist der zweite Satz, Thema mit Variationen, insofern ungewöhnlich, als die Variationen nicht dieses Thema variieren, sondern anscheinend irgendein anderes. Ist es bis hierhin fast nur als einstimmiges Instrument eingesetzt worden, bekommt das Hardart im letzten Satz, Menuett mit Sahne und Zucker, endlich Gelegenheit, seine Vielsaitigkeit auszuspielen.

Die Katalog-Nummer mag auf den ersten Blick willkürlich erscheinen, auf den zweiten wird aber klar, daß sie das Produkt der Quadratwurzel der Summe der Zahl der Klangmechanismen und der Anzahl der Buchstaben im Namen des Komponisten mit der Anzahl der Sätze ist.

SINFONIA CONCERTANTE UND -ONKEL (S. 98,6) D-Dur; Laute, Balalaika, Doppelrohrblattzugnotenständer, Okarina, linkshändige Leitungsflöte, Dudelsack und Streicher (Aufn. 1)

Sehr unruhig mit Schmalz
Andante senza moto
Presto nicht schleppend

Die »Sinfonia Concertante und -onkel«, eins der durchschnittlichsten von P. D. Q.s Werken, ist zugleich eins der überraschendsten Beispiele mit allen charakteristischen Charakteristika der Vollen Periode. Sie zeigt ein Gefühl für Orchestrierung und Klangfarbe, das schon fast an Verantwortungslosigkeit grenzt. Es ist zum Beispiel schwierig, sich eine unpassendere Zusammenstellung als Laute und Dudelsack vorzustellen. Die Balalaika fügt internationales Flair hinzu – sonst gar nichts; von der Okarina, die von Liebhabern auch SÜSSE KARTOFFEL genannt wird, kann noch nicht einmal das behauptet werden. Die linkshändige Leitungsflöte und der Doppelrohrblattzugnotenständer waren nichts Ungewöhnliches im 18. Jahrhundert – sowohl J. S. Bach wie auch Händel waren damit vertraut, was wohl der Grund ist, daß das Repertoire für diese Instrumente nichts von J. S. Bach oder Händel enthält –, P. D. Q. Bach jedoch war, soweit wir wissen, der einzige Komponist mit genügend Wagemut und Unwissen, um die beiden Instrumente zu kombinieren und ihre Unvereinbarkeit als strukturelles Element seiner Komposition einzusetzen.

Das Manuskript der »Sinfonia Concertante und -onkel« entdeckte der Autor auf dem Boden einer Abstellkammer im McEisenstadt-Castle in Schottland, wo es wohl unberührt liegengeblieben war, seit Morrie McEisenstadt (siehe unten), ein miserabler Pfeifer des 19. Jahrhunderts, dem unter Androhung der Todesstrafe verboten worden war, die großen »Piobaireachd«-Werke auf seinem Instrument zu spielen, es dort vergaß.

PERVERTIMENTO für Dudelsack, Fahrrad, Ballons und Streicher (S. 66) G-Stur (Aufn. 2)

Allegro moulto
Romanza II (Adagio sireno)
Minarett und Trio
Romanza I (Chi largo)
Presto changio

Seit der Wiederauffindung des »Pervertimento« müssen auch die Verleumder zugeben, daß P. D. Q. Bach der größte süddeutsche Komponist des späten 18. Jahrhunders von mehrsätzigen Werken für Dudelsäcke und Kammer-Orchester ist. Vermutlich angeregt von Thomas Collins, dem perversen Bläser, für den das Stück verfertigt wurde, setzte P. D. Q. das Instrument auf mancherlei Weise ein, die bei den meisten der heutigen Pfeifer als unsauber, wenn nicht geradezu als unmoralisch gelten. Für diese Puristen gibt es nichts Schlimmeres, als die Melodiestimme (Pfeife) herauszulösen und zu spielen wie eine Oboe, mit einer Ausnahme: nämlich die Dudelsack-Brummbaßpfeifen herauszulösen und sie in derselben Manier zu spielen, und der Einsatz der Übepfeife im vorletzten Satz – die man doch sonst nur im Privatgemach, hinter verschlossenen Türen herausnimmt – ist für den modernen Geschmack besonders verletzend. Aber Thomas Collins' Devise lautete »Wenn es sich gut anfühlt, blas es«, und auch der empfindlichste Hörer wird zustimmen, daß das »Pervertimento« wirklich nicht abnormer oder unnatürlicher ist als irgendein anderes Werk desselben Komponisten. Es ist

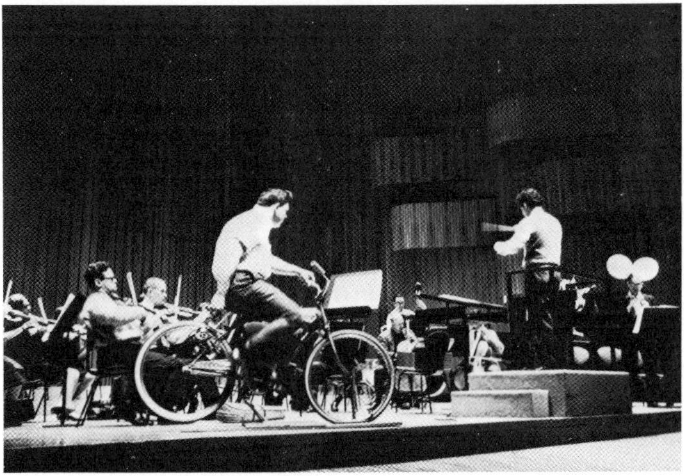

allgemein bekannt, daß P. D. Q. eine Technik entwickelt hatte, mit den Pedalen einer Orgel Arpeggi (gebrochene Akkorde) zu spielen; die als FUSS-ROLLER bekannte Technik gehört heute zum Rüstzeug der Organisten, und offenbar kam P. D. Q. diese Erfindergabe für Pedaltechnik gut zupaß, als es darum ging, für das Fahrrad zu schreiben. Den meisten Leuten ist nicht klar, daß das Fahrrad ursprünglich als Musikinstrument entwickelt worden ist und erst im 19. Jahrhundert, als die Komponisten begannen, sich des Saxophons zu bemächtigen, wurde es allmählich als Fortbewegungsmittel anerkannt. P. D. Q. spielte das Fahrrad anscheinend selbst, und nach dem Solopart im »Pervertimento« zu urteilen, muß er ziemlich begabt darin gewesen sein; der Sirenengesang im zweiten Satz erfordert in großem Maß Pedalbeherrschung, da jede Veränderung der Geschwindigkeit auch zu einer Veränderung der Tonhöhe führt (vgl. Photo).

Für Ballons zu schreiben, ist, wie zu erwarten ist, die typisch französische Manier jener Tage. Ballons waren in Frankreich zu einem völlig anderen Zweck entwickelt worden, aber französische Musiker (oder MUSICIENS FRANÇAIS, wie sie sich gerne nannten) erkannten schnell, daß Ballons einzigartige Ausdrucksmöglichkeiten besaßen, und bis zur Mitte des 18. Jahrhunderts war die Pariser Komponistenschule in ganz Europa für ihre farbenprächtigen Ballon-Kompositionen bekannt.

Die Numerierung des zweiten und vierten Satzes erscheint verwirrend, bis man sich in Erinnerung ruft, daß P. D. Q. nie die Seiten numerierte, ein Umstand, der bei der Analyse der formalen Konstruktion vieler seiner Werke berücksichtigt werden muß.

SERENACKTE
für abwegige Instrumente (S. 36-24-36) D-Dur; 2 Kazoos, 2 Ziehpfeifen, Fasaune, Windbrecher und Zugwindbrecher, Duschkopf in D, Streicher

Zitter-Allegro
Andante alighieri
Vierstimmige Feige

Die »Serenackte« ist wie die »Sinfonia Concertante und -onkel« eine Kreuzung zwischen der Serenade des späten 18. Jahrhunderts und dem Concerto grosso des frühen 19. Jahrhunderts mit einem ganzen Haufen ungewöhnlicher Soloinstrumente ausgestattet. P. D. Q. benutzte dieselben Instrumente für sein Oratorium »Die vier Haaresbreiten«, sicherlich wider allen Hoffnung[1] hoffend, daß das Hinzufü-

Fasaune

1 Gemeint ist der englische Komponist Gerard Hoffnung (A. d. Ü.)

gen weiterer Stimmen den Klang verbessere. Erfahrenere Komponisten, hätten sie noch mit ihm gesprochen, würden ihm gesagt haben, daß jeder Versuch, die oben aufgeführten Instrumente besser klingen zu lassen, zum Scheitern verurteilt sei, wobei P. D. Q. wahrscheinlich sowieso nicht hingehört hätte, da er ihnen grundsätzlich nicht mehr zuhörte.

Die Serenackte wurde zum erstenmal im Hinterzimmer der Taverne »Zum Stier« in Wein-am-Rhein einem Publikum vorgeführt, das ohnedies nichts mehr mitbekam.

PERÜCKENSTÜCK aus dem »Barbier in Zivil« (S. 4F) C-Dur; Sopran, Pumpenflöte, Doppelrohrblatthuka in F, Polizeiposaune und Streicher

Obwohl man weiß, daß P. D. Q. Bach eine ganze Menge Ausfälle ins Musiktheater (vgl. S. 279) unternommen hat, sind doch nur zwei vollständige Opern und Fragmente einer dritten, »Der Barbier in Zivil«, dem Vergessen entrissen worden. Diese Fragmente verursachen Tantalusqualen, denn abgesehen von dem, was wir aus dem Text des »Perückenstücks« schließen können, wissen wir so gut wie gar nichts über die Handlung des »Barbier in Zivil«; der Autor hat die Liste mit den Rollen entdeckt; wir drucken sie hier ab, aber sie scheint mehr Fragen aufzuwerfen als zu beantworten:

Der Graf
Die Gräfin
Le Figaro
Eine Magd
Eine Dragonerkompanie[1]
Der König
Die Königin
Ein Arzt
Drei Kaminkehrer

1 Dragoner sind Soldaten, die speziell zur Ruhigstellung von Rowdies in Opern ausgebildet sind.

Cleopatras Geist
Marie Antoinette
Davy Crockett

Vom »Barbier in Zivil« wurde dem Autor etwas bekannt, als er auf ein loses Manuskriptblatt stieß, auf dem Entwürfe für die Ouvertüre waren; am Rand eine Notiz in P. D. Q.s Handschrift: »Neujahrsnachmittag fertig haben«, was heißt, daß die Oper am Abend des 1. Januar Premiere hatte, wahrscheinlich am Ende seines Lebens, ist doch Davy Crockett nicht vor 1786 geboren worden. Die vollständige Ouvertüre wurde jedoch nie gefunden, und in aller Ehrlichkeit muß zugegeben werden, daß der Verfasser dieses Buches auf der Grundlage jener Entwürfe eine Ouvertüre geschrieben und unter seinem Namen veröffentlicht hat, ohne P. D. Q. Bach zu erwähnen. Zu seiner Verteidigung kann der Verfasser nur vorbringen, daß er damals sehr jung war und, wären ihm P. D. Q.s sämtliche Werke bekannt gewesen, woanders geklaut hätte.

SUITE
aus dem »Barbier in Zivil« (S. 4F) wechselnde Tonarten; 2 Fagotte, 2 Hörner, 2 Trompeten, Posaune, Pauken, Celli, Bässe

Einlauf der Dragoner (tempo di Marsha)
Veitstanz
Seiner Majestät Menuett
Fanfare für die königliche Stange
Ihrer Majestät Menuett
Aufbruch der Dragoner (tempo di hastig)

Diese Suite ist eine Sammlung von Instrumental-Stücken, die, so nimmt man an, ursprünglich über die ganze Oper verteilt waren. Das Manuskript wurde als Bodenbelag eines Vogelkäfigs im Abstellkeller eines Hauses gefunden, das einmal dem Baden-Baden-Badener Kapellmeister gehörte; vielleicht hatte P. D. Q. ihm die Stücke in der (offenbar unerfüllt gebliebenen) Hoffnung geschickt, eine Aufführung im Pavillon des Kurparks zu erreichen.

Die Angabe TEMPO DI MARSHA ist entweder eine *derivation impropre* für die normale Bezeichnung TEMPO DI MARCIA (Marschgeschwindigkeit) oder eine Anspielung auf den eigenartigsten Soldaten der Kompanie, ein Junge, den seine Kasernen-Genossen »Pup, den Wunderdragoner« nannten.

SCHLEPTET
in E♭-Dur (S. 0)
E♭-Dur; Flöte, Oboe, Fagott, Horn, Geige, Bratsche, Cello, (Aufn. 3 & 5)

Molto larghissimo – Allegro boffo
Menuetto con brio ma senza trio
Adagio saccarino
Yehudi menuetto
Presto hey nonny nonnio

Dies Stück, geschrieben für sieben der gebräuchlichsten Instrumente, beweist (wenn das nötig ist), daß das unerträgliche JE NE SAIS QUOI der Vollen Periode P. D. Q. Bachs nicht allein auf die Verwendung unvollkommener Instrumente wie den Windbrecher oder die linkshändige Leitungsflöte zurückgeführt werden kann. Das Werk ist eindeutig ein ziemlich spätes, denn es hat (freundlich gesagt) Beethovens »Septet« (ebenso in E♭-Dur) einiges zu verdanken. Es hat fünf kurze Sätze, oder, wie P. D. Q. das nannte, Schüsse; der letzte von ihnen zeigt den Einfluß einer Zigeunerband(e), die P. D. Q. beeindruckte und, wie er dann merkte, ausraubte.

DER STEINHÄGERNE GAST
Oper in einem Halbnackt C-Dur; fünf Personen, Kammer-Orchester (Aufn. 4; 5 Auszüge)

Besetzung:
Donna Ribalda,
eine hochgeborene Dame aus dem Tiefland
Metzen Sopran
Carmen Ghida, eine Frau mit beschädigtem Ruf
Choleratour-Sopran
Don Octave, ein umgehender Edelmann
Ladenkontortenor
Hund, ein dicker Bernhardiner – Hundetenor
Il Commendatoreador, der steinhägerne Gast
Aus dem Faß-Baß

Wie wohl auch P. D. Q.s andere dramatische Werke wurde »Der steinhägerne Gast« im Hallovolkstheater in Wein-am-Rhein uraufgeführt; die erste Reaktion war gemischt, vor allem aber Tomaten und Eier. Einer der beachtlichsten Aspekte der Oper ist ihr großer Hundepart (im 18. Jahrhundert BELLCANTO genannt), der an Virtuosität sogar den berühmten »Wuffenbuf-Song« aus »Fido und Aeneas« von Arfenbach übertrifft. Hier eine Zusammenfassung der Handlung:

Donna Ribalda war einem nächtlichen Angreifer davongelaufen und hatte sich in einen Wald verirrt. Sie trifft ohne ersichtlichen Grund auf Carmen Ghia. Nachdem die beiden Sängerinnen sich reichlich Zeit genommen haben, mit ihren Karrieren zu prahlen, drücken sie ihr Weh in dem berühmten

»Weh«-Duett aus. Als sie jemanden kommen hören, überlegen sie, daß es sicherer sei, wenn sich eine von ihnen als Mann verkleiden würde. Donna Ribalda willigt zögernd ein und leiht sich von einem Orchestermitglied ein Jackett. Dann schläft sie auf Carmen Ghias Schoß ein, als Don Octave auftritt und ein Lied davon singt, daß er in allem, was er versucht, scheitert, weil er tatsächlich nur Oktaven singen kann.

Als ihn Carmen Ghia auffordert, die Maske abzunehmen, die Don Octave vergessen hatte, abzunehmen, erwacht Donna Ribalda und ruft: »Das ist der Schurke, der mit mir durchbrennen wollte!« Don Octave ist verwirrt, da Donna Ribalda als Edelmann verkleidet ist, aber als sie ihr Jackett auszieht, erkennt er, daß sie seine Schwester ist, was Donna Ribalda auch bemerkt, als Don Octave seine Maske abnimmt. Sie schilt ihn, daß er nicht einmal seine eigene Familie erkennt und sich an seiner eigenen Schwester vergreift, was er seiner Trunkenheit zuschreibt, doch Carmen Ghia schaltet sich in diesen Familienzank ein, verteidigt Don Octave und bringt ihre Zuneigung für ihn zum Ausdruck.

Jetzt bricht zwischen den beiden Frauen ein Streit aus, der in dem Wettstreit endet, welche die höchste Note singen und einen Ton am längsten halten kann. Carmen Ghia gewinnt in beidem, und sie und Don Octave fangen gerade an, sich in amourösem Spiele zu ergehen, als Donna Ribalda sie erinnert, daß sie noch verirrt sind und darauf hinweist, daß es zu schneien und zu stürmen beginnt und dunkel wird. Don Octaves Schreckensschrei »Wer kann uns nun retten?« findet Antwort im Auftritt eines großen Bernhardinerhundes mit einem Steinhägerfaß am Hals, das sich als leer erweist. Don Octaves bohrende Frage, »Also, wer hat das jetzt leergemacht?« findet Antwort im Auftritt des steinhägernen Gastes persönlich, Il

Commendatoreador, dessen Trunkenheit seinen Gesangspart auf gerade sechs Töne beschränkt. Dann steht er herum und glotzt alle an.

Die fiebrige Peripetie ist erreicht, als in schneller Folge Carmen Ghia zugibt, daß Il Commendatoreador ihr Vater ist, Donna Ribalda Carmen Ghia erwürgt, Don Octave (beim Versuch, Carmens Tod zu rächen) in sein Messer stürzt und stirbt. Il Commendatoreador zieht eine Pistole, erschießt Donna Ribalda und fällt schließlich zu Tode betrunken um wie ein Stein.

THE STONED GUEST © 1973, WHITE BEAR PRODUKTIONS.
MIT FREUNDLICHER GENEHMIGUNG

P. D. Q. wollte die Oper ursprünglich hier enden lassen, aber der Leiter des Hallovolkstheaters, Rudolfo Bingo, bestand auf einem glücklichen Ende, so daß nach einer packenden und erfrischenden Pause die über die Bühne verstreuten Körper plötzlich und ohne Motiv auf ihre jeweiligen Füße springen und ein mitreißendes Finale singen.

ZWEI MADRIGALE aus »Die Triumphe der Thusnelda« (S. 1601) g-Moll und F-Dur; Sopran, Mezzosopran, Kontratenor, Tenor, Baß (neu veröffentlicht als SSATB) (Aufn. 4; 5 [nur 2 Nrn.])

»Die Königin schmerzt königlich mein Leben«
»Mein feins lieb ist so vol duft«

Die beiden Jahrzehnte um das Jahr 1600 waren ungestüme Jahre in England; es war nicht nur die goldene Zeit des englischen Madrigals, in derselben Epoche wurde auch das englische Drama mit Shakespeare, Marlowe und Jonson ein anderes, und Königin Elisabeth wurde unter dem Earl von Lancester ebenfalls eine andere.

In dieser Zeit war es nicht unüblich, daß Stücke von verschiedenen Komponisten zusammen unter einem Titel veröffentlicht wurden, wie z. B. »The Triumphes of Oriana«, um eine der berühmtesten Sammlungen zu nennen. Diese Praxis brachte einen normannischen Edelmann, Count Pointercount, auf die Idee, eine ähnliche Sammlung als Huldigung seiner Frau Thusnelda zu widmen, einer Sängerin, die unlängst über irdische Belange triumphiert hatte, indem sie das hohe C so lange hielt, bis sie erstickte. Die Erfolgsaussichten des Projekts waren jedoch immer trüber geworden, da Europas führende Komponisten einer nach dem anderen abgesagt und dem Grafen (mit unterschiedlichem Taktgefühl) bedeutet hatten, daß das Madrigal als Kunstform seit über hundert Jahren tot sei. Natürlich blieb da nur eine Chance, um überhaupt etwas in die Sammlung zu kriegen: einen Komponisten zu finden, der zu blöd war, um zu wissen, was AU COURANT war und was PASSÉ. So kam es, daß der einzige Mitarbeiter an den »Triumphen der Thusnelda« P. D. Q. Bach war.

Bis vor kurzem wurden die Madrigale für Werke aus der REUMUT-PHASE gehalten, aber die Entdeckung von Count Pointercounts Tagebuch ermöglichte es, die Zeit der Komposition auf 1792 oder früher festzulegen, dem Jahr, als der Count sie in die Normandie mitnahm und sie, nachdem er einigen Widerstand überwunden hatte, »nur über meiner Frau Leiche« (wie er sich ausdrückte) singen ließ.

Der Autor, der zugleich als Herausgeber fungierte, möchte seine Anerkennung und seinen Dank der Theodore Presser Co. aussprechen, die eine moderne Studien-Ausgabe beider Madrigale besorgt hat; aber er würde seine Pflicht vernachlässigen, brächte er nicht sein tiefstes Unverständnis über die Entscheidung zum Ausdruck, die Texte zu säubern, die doch gerade in dieser Zeit und Gesellschaft kaum anstößig sind. Als Extraservice für alle, die diese Werke in ihrer historischen Form aufführen wollen, sind die Texte nachstehend abgedruckt, vielleicht nicht gerade originell, aber nicht entstellt. Es ist ratsam, bei öffentlichen Aufführungen die Texte vor dem Singen vorzulesen, da bei dieser Art von Musik die verschiedenen Stimmen die Worte oft mit verschiedenen Einsätzen singen, was zu dem als »sprachlicher Schliff« bekannten Phänomen führt.

Die Königin schmerzt königlich mein Leben,
Läg es an mir, wollt ich von meiner Frist
Thusnelda anzuschaun, gern manches geben.
Oi weh oi weh (etc.)

Die Königin hält fein ihr Pulver trocken,
Braucht Zwang, wo Liebe wäre angeraten,
Mich von Thusnelden mühlos fortzulocken.
Oi weh oi weh (etc.)

Gesetzt auf ihren Thron, wär sie anstatt
So gern entthront auf ihrer Lagerstatt.
Doch liegt sie unter Daunen und Gefieder
Schließt ihr der Diener Schlaf die trüben Lider,
So daß ich eile zu Thusnelden wieder.
Oi weh oi weh (etc.)

Mein feins lieb ist so vol duft
Den blümlein graut des Eifers gruft
Fa la la (etc.)

Mein feins lieb macht so bang
mir, und macht nicht lang
Fa la la (etc.)

Mein feins lieb strahlt so fein, ein Vögelein
und tönt als wie ein esel
Mein feins liebt gut wie ein geis
und spricht als wie ein kree
Fa la la (etc.)

Mein feins lieb tanzt wohl gar gut,
Sie 'st Genever und ich Sir Lancelot[1]
Fa la la (etc.)

Mein feins liebchen will kein buhlen
will ichs lohnen, soll ichs holen
O la la (etc.)

Mein feins liebchen wolt ich eren
solt sie mir auch den beutel leren
Fa la la (etc.)

1 Dieses minnigliche Paar hat seine Bedeutung verloren; zuletzt wurde es um die Jahrhundertwende in Schottland gesehen.

KONZERT FÜR KLAVIER CONTRA ORCHESTER (S. 88)
hess-Moll

Allegro immoderato
Andante con Mr. Moto
Vivace liberace

Vor einigen Jahren, gerade als der kanadische Pianist Glenn Gould und das New York Philharmonic Orchestra (wie es damals hieß)[1] eines von Brahms' Klavierkonzerten zu spielen begannen, wandte sich der Dirigent Leonhard Bernstein zum Publikum und distanzierte sich von der nun folgenden Interpretation. Die beständige Feindseligkeit zwischen dem Dirigenten, der das Orchester vertritt (d. h. die Masse, das Proletariat), und dem Solisten, der nur sich selbst vertritt (d. h. die Elite, ein Boß), bleibt normalerweise, obwohl sie jedem Musiker bekannt ist, außerhalb der Hörsicht des Publikums. Wir haben schon gesehen, daß eines der am meisten Denkanstöße oder zumindest Anstoß erregenden Charakteristika in P. D. Q. Bachs Musik diese fast moderne Manier ist, explizit die wirklichen Wirklichkeiten ausdrücken zu wollen, die hinter den Konventionen der Konvention liegen, und das »Konzert für Klavier contra Orchester« ist ein beispielhaftes Beispiel dafür. Bei einer der jüngeren Aufführungen manifestierte sich der Streit zwischen den beiden feindlichen Kräften derart handfest, daß der Geschäftsführer des Hauses gezwungen war, das Konzert wegen einer Platzwunde über dem linken Auge des Dirigenten abzubrechen.

1 und immer noch heißt. – Anm. d. Hrsg.

Einmal allerdings ist es vorgekommen, daß das Werk genau das Gegenteil bewirkte: Bei seiner Uraufführung in Wein-am-Rhein am 1. März 1807 wandten sich der Dirigent UND der Pianist UND der Konzertmeister in unerhörter Einmütigkeit zum Publikum und distanzierten sich vom Konzert selbst.

EROTICA-VARIATIONEN FÜR GEÄCHTETE INSTRUMENTE UND KLAVIER (S. 36 EE)
verschiedene Tonarten (Aufn. 6)

Thema: Windbrecher
Variation I: Ballons
Variation II: Ziehpfeife
Variation III: Zugwindbrecher
Variation IV: Lasso d'amore
Variation V: Nebelhorn, Klingel, Kazoo

In einem mit »P. D. Q. Bach: Heute noch möglich?« überschriebenen Artikel, der in der August-Ausgabe 1973 des »Musical Hindquarterly« (einer Publikation der A. M. J.[1]) erschien, nennt Professor Paul Behrer mit Genugtuung das sehr viel strengere Urheberrecht als Grund, daß ein P. D. Q. Bach im Amerika des 20. Jahrhunderts keine Chance hätte, und sicherlich habe das Fehlen entsprechender Gesetze im Deutschland des 18. Jahrhunderts jenen Aspekt von P. D. Q. Bachs Musik, den man allgemein als »manischen Plagiariasmus« bezeichnet, so begünstigt, daß er sich zu einem Ausmaß entwickelte, welches hier und heute jenseits aller Möglichkeiten läge. Allgemein läßt sich sagen, daß die Originalpassagen in P. D. Q.s Musik dadurch entstanden sind, daß er nicht in der Lage war, sich zu erinnern, wie das Stück, von dem er klaute, weiterging.

1 American Musicological Junta

Lasso d'amore

Windbrecher

1804 prägte Immanuel Kant den Spruch von der »absoluten Identität«; er hatte sich den Begriff nicht ausgedacht, um den höchsten Grad von Selbsterkenntnis der Seele zu beschreiben, wie verschiedene Philosophie-Lehrbücher behaupten, sondern um das Verhältnis zwischen dem Thema von P. D. Q. Bachs »Erotica-Variationen« und dem von Beethovens »Eroica-Variationen« zu beschreiben. Letztere wurden 1802 geschrieben, und wahrscheinlich hörte sie P. D. Q. zu dieser Zeit, auch wenn sie heute unter dem Namen »Dritte Sinfonie« bekannt sind, die dasselbe Thema variiert; sie wurde aber nicht vor 1804[1] vollendet.
Die meisten der Instrumente in den »Erotica-Variationen« hatte P. D. Q. schon in anderen Stücken eingesetzt, nur die vierte Variation führt ein neues und ungewöhnlich interessantes Instrument ein. Anfang des 18. Jahrhunderts hatten Wiener Cowboys eine Technik entwickelt, ihr Lasso mit so hoher Geschwindigkeit über ihren Köpfen wirbeln zu lassen, daß ein reiner Ton entstand; bis zum Ende des Jahrhunderts war das LASSO D'AMORE, wie man es nannte, so verfeinert, daß es beinah zwei Oktaven umfaßte und einen Ton hatte, den Mozart »unheimlich« nannte. Doch die Veränderungen, die diese Entwicklung ermöglicht hatten, machten es unbrauchbar für den Viehfang, und binnen weniger Jahre hatte der amerikanische Westen Wien als Weltrindmetropole abgelöst.

1 Die »Eroica« war ursprünglich Napoleon gewidmet, aber in einer Aufwallung von Abscheu riß Beethoven die Widmungsseite heraus, als er erfuhr, daß Napoleon für Courvoisier-Brandy Werbung machte.

HÄNSEL UND GRETEL UND TED UND ALICE
Oper in einem widernatürlichen Akt (S. 2^{n-1})
A-Dur; Ladenkontortenor/Cembalist, Barbariton/Calliopist und Klavier (Aufn. 6)

Besetzung
Kauziger alter Kneipier
Gretel Rotkäppchen
Hänsel Hascher
Dorfdepp
Mönch, der sich später entpuppt als Alice über Deutschland
Arzt
Teddy Niedlich

P. D. Q. erhielt selten von jemand anderem Aufträge als von Prinz Fred, und er konnte seine Überraschung nicht verbergen, als ihm das Ensemble der Wiener Staatsoper zehn Kästen English Ale und einen pelzgefütterten Nachttopf anbot, wenn er etwas für die Spielzeit 1785/86 schreiben wolle. Noch weniger konnte er sein Erstaunen verbergen, als er nach der Fertigstellung von »Hänsel und Gretel und Ted und Alice« erfuhr, daß das Ensemble der Wiener Staatsoper aus Herrn und Frau Fritz Wiener und ihrem kleinen Sohn Rudi bestand. Wie man oben nachprüfen kann, hat das Werk sieben Rollen und P. D. Q. hatte zunächst Angst, er müsse es wegwerfen oder etwas anderes schreiben, falls er je an das English Ale

kommen wollte, aber dem fast völlig tauben Herrn Wiener gefiel das Stück, und er überredete P. D. Q., ein paar Veränderungen vorzunehmen, um ihm und seiner Familie eine Aufführung des Stücks zu ermöglichen – einfach, indem man zwischen den Szenen Kostüme und Perücken wechselte und die Sänger – und das ist eine der wirtschaftlichsten Neuerungen der Operngeschichte – in Ouvertüre und Finale als Orchester spielen ließ. Im Hallovolkstheater wurden einige Vorstellungen gegeben, bevor das Ensemble der Wiener Staatsoper eines Nachts spät ihren letzten Abgang machte und Wein-am-Rhein und viele unbezahlte Rechnungen hinter sich ließ.

Papst Pius VI. nannte die verrufene Arie »Et expecto« des Mönchs als einen der Hauptgründe für P. D. Q.s Exkommunikation 1787.

Et expecto resurrecreation;
et in unum Dominos und die andere Wange
Qui tollis peccata mundi Morgen

Mea culpa kyrie elei-
Sonny Tufts et Allah in Pompeii;
Donna nobis pacem cum was mei;
Agnus und seine Schwester Doris Dei;
Gott, hab' Dank für meine solo.

Et in terra chicken pox romana;
Sic sic transit gloria mañana;
Sanctus estes Kefauviridiana;
In flagrante delicto Svetlana;
Gott, hab' Dank für meine solo.

Credo in, zumindest unum deum;
Caveat nabisco mausoleum;
Coitus interruptus bonus meum;
Kimo sabe sehendum was du sagendum
Gott, hab' Dank für meine Seele, wenns geht.

DIE KUNST DES GRUNDKANONS (S. 1.19/kg) Verschiedene Tonarten; drei Baritöne und Discontinuo (Aufn. 6 [ohne die 4. Kanonrunde])

1. So einfach geht die Liebe
2. Bitte, guter Herr
3. Erna, ach Erna
4. Wer, oh wer
5. Mann oh Mann
6. Ellie ist ein süße Maid

Ein »Grundkanon« ist ein Kanon, für den es einen Grund gibt, oder einen Ostinato-Baß. Sein Gebrauch ist so alt wie selten, eins der ersten schriftlich festgehaltenen Stücke englischer polyphoner Musik, »De asumma iscu ma«, ist ein Grundkanon, auch wenn sich der Begriff bei der seriösen Musikwissenschaft bislang noch nicht durchgesetzt hat – wahrscheinlich nur deshalb, weil er möglicherweise von P. D. Q. Bach geprägt wurde.

Die meisten Barock-Stücke haben einen sogenannten CONTINUO-Part, der aus einer Baßlinie mit Akkordsymbolen besteht und von einem oder mehreren Baßinstrumenten und einem Klavier gespielt wird: Die linke Hand am Klavier spielt die Baßlinie, die Rechte improvisiert nach Maßgabe der Akkord-Zeichen. Da aber P. D. Q. gegen Ende seines Lebens die Tastatur nicht mehr mit beiden Händen zugleich erreichen konnte, spielte er einfach nur die Baßlinie mit der Linken und ließ das Improvisieren (wozu es ja einigen Denkens bedarf) sein, oder – wahrscheinlich häufiger – er spielte gar nicht und überließ die Baßlinie dem Baßinstrument und sich dem Trinken. Zur Bezeichnung dieser Bastardform von Begleitung benutzte er den Begriff BASSO DISCONTINUO.

Generell gehören die Kanons aus der »Kunst des Grundkanons« zu einem bei den Komponisten des 17. Jahrhunderts beliebten Typus: Sie offenbaren beim Singen Bedeutungsebenen, die beim Vorsingen der einzelnen Stimmen nicht sichtbar sind, was vermutlich ganz gut so ist, da die polyphonisch offenbarten Bedeutungsebenen manchmal von fragwürdigem Geschmack sind und vielleicht die Veröffentlichung des Werkes verhindert hätten, wären sie schon bei der Drucklegung zu erkennen gewesen.

KONZERT FÜR FAGOTT GEGEN ORCHESTER H-Dur

Brems allegro
Nicht so schnell
Blue Rondo à la Turk

Das italienische Wort FAGOTTO heißt »Bündel von Stöcken«, weil es von Fagott-Schülern oft als Feuerholz verwendet wird. Das Original-Manuskript trägt die Aufschrift »Hans Holzmann gewidmet«[1]. Als es 1974 entdeckt wurde, lag die Vermutung nahe, daß Hans Holzmann ein Fagottist in einem der zwei Orchester von Wein-am-Rhein gewesen sei, doch führten weitere Forschungen zu der Erkenntnis, daß er Holzfäller war und die erste Aufführung auf einem Bündel Stöcke spielte. Wenn es auf dem Fagott auch nicht schwierig ist, stellt das Konzert an das Bündel Stöcke doch außerordentliche Ansprüche, und man kann nur bedauern, daß es heute keine Hans Holzmänner mehr gibt, die uns ermöglichen könnten, P. D. Q.s Werke so zu hören, wie sie gemeint waren[2].

1 Auf französisch hieße es »dédié à Hans Holzmann«

2 Die oft geäußerte Meinung von Dr. Olaf Johansen von der U. of S. N. D. zu H., daß »P. D. Q.-Bach-Partituren – ähnlich Kindern – nur gesehen, aber nicht gehört werden sollten«, wird vom Autor nicht geteilt.

GROSSARTIGE SERENADE FÜR ENTSETZLICH VIELE BLÄSER UND SCHLAGWERK (S. 1000)

H-Dur, Big Band

Großartiger Auftritt
Einfach großartiges Menuett
Romanze von der großartigen Art
Rondo mucho grande

P. D. Q. verfaßte eine Reihe von Entwürfen für das Werk, einer davon betitelt mit »Serenudel«, aber er änderte wohl seine Ansichten, als er die Partitur schrieb. Aus den Entwürfen geht hervor, daß er die Verwendung verschiedenster Gruppen von Instrumenten erwog, doch entspricht die Instrumentenkombination, bei der es dann blieb, erstaunlich genau einer modernen Big Band. Zur Vorbereitung der jüngst veröffentlichten Studien-Ausgabe haben dennoch ein paar geringfügige Korrekturen vorgenommen werden müssen, da ein paar Instrumente der Original-Partitur, z. B. die Ondul-Flöte, veraltet sind und uns ihre Konstruktion unbekannt ist. Andere Instrumente wie die Lock- und die Trillerpfeife sind, wenn auch selten auf einer Konzertbühne zu sehen, dennoch zu haben und wurden beibehalten; wie gewohnt hat der Herausgeber seine Heldin Authentizität nur geopfert, wenn ihm das Gewehr der Notwendigkeit an den Kopf gehalten wurde.

Die »Großartige Serenade für entsetzlich viele Bläser und Schlagwerk« wurde im Auftrag von Prinz Fred für irgendwelche Freiluftveranstaltungen komponiert. P. D. Q. hatte zunächst ein richtig großes Werk von 35 bis 40 Minuten Dauer schreiben wollen, aber er war einverstanden, es nur ein

Drittel so lang werden zu lassen, als ihm Prinz Fred das dreifache Honorar dafür bot. Kurz nach der Aufführung benutzte ein Höfling die Partitur, um sechs dicke Würste einzuwickeln, die als Geschenk für Benjamin Franklin nach Paris geschickt wurden, von dem der Prinz genauere Angaben für den Bau einer Glasharmonika (vgl. S. 44) haben wollte. Schließlich gelangte das Manuskript in eine Bostoner Dachkammer, wo es der Autor unter den Habseligkeiten eines Tory des 18. Jahrhunderts fand – in einem Kasten mit der Aufschrift »Aufrührerisches Material«.

3
REUMUT

Als P. D. Q. Bach die Partitur seiner »Neo-Trios Sonate« in Wein-am-Rhein Padre Martini zeigte, hatte der ehrwürdige Komponist-Theoretiker-Kleriker nur einen Kommentar: »Wann geht die nächste Kutsche nach Bologna?«

Stilistisch gesehen steht die Reumut-Phase für einen Versuch P. D. Q.s, »heimzukehren«, sozusagen zurückzukriechen in den musikalischen Mutterleib. Während seiner letzten Erdentage komponierte er, als sei er blind geworden für all die Themen, die er seit Januar 1778 geschrieben hatte; solch ein Zustand von Blindheit ist sicherlich eher beneidens – denn tadelnswert, und man kann einem sterbenden Mann kaum zum Vorwurf machen, daß er Sühne tun will, auch wenn seine Sühne genauso schlecht gerät wie seine Sünden.

KANTATE: IPHIGENIE IN BROOKLYN (S. 52. 162)
G-Dur; Ladenkontortenor, Trompetenmundstück, drei Doppelrohrblätter, Weinflaschen, Streichquartett und Cembalo (Aufn. 1 & 5 [erster Satz vergessen])

Fanfare wider Willen
Arie: »Als Hyperion«
Rezitativ: »Und Ho!«
Ostinato-Variationen: »Sterbend«
Rezitativ: »Und im Traum«
Arie: »Am laufen«

Über 25 Jahre lang galten Glucks zwei operative Meisterwerke »Iphigenie in Aulis« und »Iphigenie auf Tauris« als die vollendetsten Bearbeitungen der alten griechischen Tragödie im allgemeinen und der Wanderungen Iphigenies im besonderen, so daß man sich leicht die Kontroverse vorstellen kann, die die erste Aufführung von »Iphigenie in Brooklyn« entfacht hätte, wäre irgend jemand, der jemals von Gluck oder von Iphigenie gehört hatte, im Publikum gewesen. Viele klassische Augenbrauen hoben sich jedoch, als der Verfasser dieser Abhandlung 1963 ein Exemplar der Kantate in der Ausgabe von »Boozey« Hawkes in einer Liverpooler Kneipe entdeckte, wo es unter das Bein eines Tisches geklemmt war, um diesen am Wackeln zu hindern; obwohl Glucks Opern nicht mehr so hoch am Kulturhorizont baumelten wie einst, schlug doch der Umstand, daß unter den Graecisten der westlichen Welt nicht

P.D.Q.
IPHIGENIE
IN
BROOKLYN
Eine Kantate für
Ladenkontertenor
und diverse Instrumente
Komponiert für Musikliebhaber
und ebenso für Kenner
von
P. D. Q. Bach
Hof Organist und Kammer Musiker
des Erbspringen
Fred von Wein-am-Rhein
veröffentlicht im Zeichen der Flasche
von Jonathan "Boozey" Hawkes

EINER gewußt zu haben schien, daß Iphigenie jemals in Brooklyn gewesen ist, in die Elfenbeintürme zahlloser Colleges und Universitäten ein wie ein Blitz aus heiterem Himmel. Die Implikationen des Librettos dieser Kantate sind natürlich ungeheuerlich, und die Klassikologen nehmen sie genauso unwillig hin wie die Italo-Amerikaner, denen noch schwindlig ist von der Entdeckung der Vinland-Karte von Leif Erikson.

Läßt man die durch außermusikalische Überlegungen entfachten Kontroversen außer acht, dann erweist sich »Iphigenie in Brooklyn« bei den modernen Konzertbesuchern als eines von P. D. Q. Bachs beliebtesten Werken, ohne Frage wegen der spektakulären Vokalpartien. Im 18. Jahrhundert gab es hauptsächlich zwei Arten von Kontortenören (männliche Alti): Überskontor-Tenöre und Untermkontor-Tenöre; P. D. Q. aber bevorzugte den selteneren, aber beweglicheren Ladenkontortenor, der, wie sein Name andeutet, noch die besten Aussichten hat, in seine Börse einzustreichen, was Bariton, Alt und Mezzosopran besser hätten steckenlassen.

P. D. Q. hatte den Weinflaschenpart sicherlich für sich vorgesehen, da die Kantate aber erst posthum uraufgeführt wurde, spielte ihn Thomas Collins auf P. D. Q.s Lieblingsinstrument, einem 1783er Muskateller.

ORATORIUM: DIE VIER HAARESBREITEN (S. 1 1/2 nm) D-Dur; Sopran, Alt, Tenor, Bassolisten, Mischchor, zwei Ziehpfeifen, zwei Kazoos, Fasaune, Windbrecher und Zugwindbrecher, Duschkopf in D, Nebelhorn, Orgel, zwei Trompeten, Timpani und Streicher (Aufn. 2; 5 [außer Fuge])

Chor: »Fries, eur Reich ist das der Wellen«
Rezitativ: »Dann fragte er«
Choral: »Bei den Wässern von Babylon standen wir, yea, und netzten«
Rezitativ: »Dann gab sie nach«
Arie: »Sesamlockende Lockung«
Rezitativ: »Sozusamen«
Duett: »Der Sommer uns ein Löcklein trieb«
Chor und Solisten: »Vier Spalten ein Haar«

Um ein Haar hätte man angenommen, P. D. Q. habe mit der Komposition der »Vier Haaresbreiten« schon in Wein-am-Rhein begonnen. Denn traditionell wird behauptet, das Libretto sei in Französisch von Julien Enfant geschrieben worden, Prinz Freds Friseur; da wir das Originalmanuskript nicht besitzen und »Boozey« Hawkes alles, was er verlegt, auf Englisch verlegt, kann diese Legende nicht geprüft werden, aber wir wissen, daß Enfant Gedichte schrieb und bei Thomas Pollex Unterricht auf der Ondul-Flöte nahm, und in einem Brief an seine Eltern in Rien vom 7. November 1806 schreibt er, er habe den Text für eine »cantate frisée« geschrieben, was tatsächlich der Ursprung der »Vier Haaresbreiten« gewesen sein könnte.

Die Anwesenheit des Nebelhorns zwischen den Concertino-Instrumenten (die im übrigen dieselben sind wie in der Serenackte) mag darauf hinweisen, daß das Oratorium, wie Händels berühmte »Wassermusik«, auf Lastkähnen zu Wasser aufgeführt werden sollte; diese Vermutung wird gestützt durch den Umstand, daß der Bewerbungsbogen, den die angehenden Chormitglieder ausfüllen mußten, auch die Frage enthielt: »Können Sie schwimmen?«

KLEINAN ZECHLIEDLEIN ZU VERMISCHTEN MISCELLEN (S. 99 $\frac{44}{100}$)

Unterschiedliche Tonarten; Ladenkontortenor, Wurm & Schlange, Geige, Bratsche, Cello und Cembalo; außerdem eine Fassung für Ladenkontortenor und Klavier mit oder ohne Cello (Aufn. 3 [ohne das 2. Lied])

Sinfonia (nur erste Fassung)
»Leidest du an«
»Hör mich durch«
»Wenn du noch nie«

Dies sind die ersten Reklamesongs, wie wir sie nennen, die P.D.Q. für sein Fahrendes Medicin-Theater schrieb. Einerseits gehören sie nicht zu den Werken der Reumut-Phase, da sie offensichtlich in der Zeit der Überlandfahrten (1795–97) geschrieben wurden, aber andererseits gehören sie doch dazu, weil sie ursprünglich nur für Gesangstimme und Trommel (letzteren Part übernahm wohl P.D.Q. selbst) komponiert waren, und erst in Baden-Baden-Baden schrieb P. D. Q. aus unbekannten Gründen, wahrscheinlich aus Habgier, die zwei Arrangements, die uns erhalten sind.

SONATE FÜR VIERHÄNDIGE BRATSCHE (S. 440)

G-Dur; Bratsche und Cembalo

Andanteeny
Moltoquicky
Grundkanon
Allah breve

Obwohl es reichlich Literatur für vierhändiges Klavier gibt (zwei Personen spielen auf einem Klavier), haben gewissenhafte Forschungen zu dem Schluß geführt, daß dies nach aller Wahrscheinlichkeit das einzige Werk ist, das je für zwei Bratschisten mit einer Bratsche geschrieben wurde. Die »Sonate für vierhändige Bratsche« ist eine von nur zwei oder drei der über zwanzig P. D. Q. Bachschen viersätzigen Partituren, die bislang entdeckt worden sind. Sollte dieser Umstand irgendeine Bedeutung haben, ist diese den Historikern seit Generationen entgangen, die ihr enthusiastisches Desinteresse an P. D. Q. Bachs Musik auch noch keck zur Schau stellten und deren Unkenntnis seit unvordenklichen Zeiten von Generation zu Generation weitergegeben wurde, lange bevor die Geburt P. D. Q. Bachs diesem Unwissen einen Anschein von Berechtigung verlieh. Sei dem, wie es wolle: es scheint zuzutreffen, daß die Kräfte, die in die Gestaltung einer typischen P. D. Q. Bach-Komposition geflossen sind, – von denen diese Sonate (auf ihre Art) eine der typischsten ist – selten Kraft genug hatten, um formal – vom Inhalt ganz zu schweigen – ein viersätziges Endprodukt zustande zu bringen.

CHORALPRÄLUDIUM: »SOLLTE« (S. 365) G-Dur; Sänger, zwei Trompeten, Pauken, Streicher

Sehr schmal sind die Kenntnisse von diesem sehr schmalen Werk. Nach seinem Text zu urteilen, sollte es das neue Jahr einleiten; darum erscheint es eigenartig, daß es im Mai geschrieben worden sein soll. Die Tatsache, daß P. D. Q. es schrieb, möchte andeuten, daß er annahm, das Jahr 1808 noch zu erleben, WIR aber wissen, auch wenn ER es nicht wußte, daß er das nie schaffen sollte.

KLAVIER-BÜCHLEIN FÜR BETTY-SUE BACH (S. 13 auf dem besten Weg zu 14) Diverse Tonarten; Klavier

Allemande links
Corrate
Oh! Courante!
Zweiteiliges Dingens
Dreiteiliges Dingens
Andre Gigue
Traumarei
Cappriccio Groenlandese für Friedrich III.: Es grönt so grön.

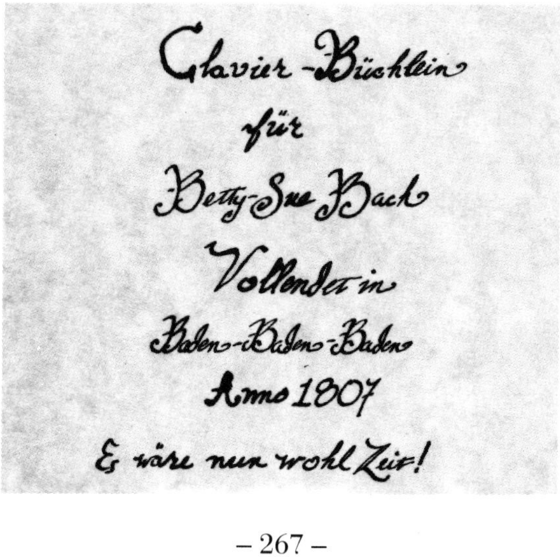
Clavier-Büchlein
für
Betty-Sue Bach
Vollendet in
Baden-Baden-Baden
Anno 1807
Es wäre nun wohl Zeit!

Obgleich er sie in seiner Reumut-Phase vollendete, hatte P. D. Q. an dieser Sammlung seit dem Entscheidenden Auftakt (vgl. S. 212) gearbeitet, und seine Erleichterung, als er sie abgeschlossen hatte, geht aus der Beschriftung der Titelseite hervor (vgl. Abb.).

Betty-Sue war sehr gerührt, als P. D. Q. ihr das Werk überreichte, und einen Monat nach seinem Tod wollte sie es bei dem Gedenk-Konzert mit seiner Musik in Wein-am-Rhein auch spielen, aber da die schnelleren Stücke über ihre Fähigkeiten als Pianistin hinausgingen, wurde es von Porcelina Speck (vgl. S. 124) uraufgeführt, worauf sich die beiden Frauen in eine Ecke setzten und ratschten.

TUUT-SUITE für vierhändige Calliope[1] (S. 212°) C-Moll (Aufn. 3 & 5 [3. Satz]; [2. Satz])

Vorlaut
O. K. Choral
Fuga volgare

Dampfcalliopes sieht man gelegentlich im Zirkus oder bei Umzügen, aber im 19. Jahrhundert waren sie viel weiter ver-

1 Das Werk auf der Orgel oder einem Harmonium zu spielen, scheint vollkommen innerhalb der Grenzen vernünftiger Authentizität zu liegen.

breitet, besonders in Kurorten wie Baden-Baden-Baden, und man konnte wohl nicht erwarten, daß P. D. Q., der selber oft viel breiter war, der Versuchung widerstehe, für so ein dickes, ohrenbetäubendes Instrument zu schreiben.

Bis 1972 entging das Original-Manuskript der »Tuut-Suite« der Entdeckung, doch einer ihrer Sätze wurde 1810 in einer Sammlung mit dem Titel »Original Calliope Stücke, die alle Welt auf ihren Original Calliopes zu spielen liebt« anonym veröffentlicht. Das stilistische Beweismaterial überzeugte den Verfasser dieses Bandes, daß dieses Stück, eine Fuge, tatsächlich einer der Sätze der »Tuut-Suite« war, die P. D. Q. in einem Brief an einen Freund erwähnt hatte. Nachdem der große vierhändige Organist Emmanuel Pedal die »Fuga volgare« auf einer Innen- oder Kammer-Calliope eingespielt hatte, wurde das ganze Autograph unter einer Matratze eines Zirkuswagens in Sarasota, Florida, gefunden; mit dieser Entdeckung entpuppte sich die »Tuut-Suite« als eines der einzigartigsten und typischsten Werk von P. D. Q. Bach.

DIE GRÖSSTE FUGE aus »Die Musikalische Opferung« (S. 50% Rabatt) C-Moll; Piccolo, Oboe, Fagott, Posaune, Bratsche und Kontrabaß

Es ist unbekannt, ob P. D. Q. »Die musikalische Opferung« vollendet hat oder nicht; diese ambitionierte sechsstimmige Fuge ist alles, was davon gefunden wurde. Die Idee des ganzen Werks ist entweder eine Hommage an oder gestohlen aus »Das musikalische Opfer«, einem von Johann Sebastian Bachs letzten größeren Werken, dessen dreizehn Teile allesamt auf einem Thema basieren, das Friedrich der Große Bach angab, als jener 1747 Potsdam besuchte. Das Thema oder Sujet (oder Thema) der »Größten Fuge« erhielt P. D. Q. von einem Einbrecher, der auf dem Rückweg von einem Einbruch im Nachbarhaus durch die Wohnung kam; er hatte mehr genommen, als er tragen konnte, und meinte zu P. D. Q., sein Hehler würde ihm wohl eh nicht mehr viel geben für das offensichtlich alte und reichlich abgenützte Thema.

Fugen stehen im Ruf, trocken und akademisch zu sein, vor allem, weil (wie man annimmt) der Durchschnittslaie durcheinanderkommt, wenn er verfolgt, wo das Sujet oder Thema (oder Sujet) gerade ist; P. D. Q. löst dieses Problem in einer nur als didaktischer COUP zu bezeichnenden Weise, die auch dem dumpfesten Durchschnittler begreiflich ist: Er läßt einfach den jeweiligen Spieler aufstehen, der das Wasauchimmer (Thema oder Sujet) spielt.

FANFARE FÜR DIE GEMEINE GRIPPE (S. 38,5°) F-Dur; zwei Trompeten, zwei Hörner und Posaune

Über dieses Stück ist überhaupt nichts bekannt, darum möchte der Autor die Gelegenheit wahrnehmen, eine lustige Anekdote zu erzählen, die er neulich gehört hat: Es war wohl zu der Zeit, als ungarische Vandalen in Tibet wüteten und die Tempel-Ikonen beleidigten. Die Regierung beschloß endlich, dem Vandalentum durch Krieg ein Ende zu bereiten und nahm dazu einen ehemaligen französischen General in den Dienst, der zufällig in der Gegend war. Der General hatte den russischen Film »Alexander Newsky« gesehen und entwarf dementsprechend den Plan, die Vandalen zu einem gefrorenen Teich zu drängen, der sonst zum Eiskunstlauf benutzt wurde, um dort den Kampf zu beginnen. Die Regierung hielt es für angebracht, dem General einen Titel zu verleihen und ernannte ihn am Vorabend der Schlacht zum BUDDHA PEST ERSTREICH QUART TÊTE. Kapiert? Vielleicht sollten Sie es laut lesen, und ein bißchen flotter!

HUNDEKANTATE: WACHET ARF! (S. K 9)
D-Dur; Solohund, zwei Fagotte, zwei Hörner, zwei Trompeten, Timpani und Streicher

Entrada
Arietta: »Ach! wo, ach! wo«
Berceuse
Aria: »Bau! wau«
Lamento: »Au!«
Finale

Tier-Vokalisten haben sich früher großer Beliebtheit erfreut, doch wurden ihre einzigartigen Singstile so ausgiebig von menschlichen Vokalisten (besonders Opernsängern) nachgemacht, daß sie ihre Einzigartigkeit verloren und nach und nach vollkommen von ihren zweibeinigen und pflegeleichteren Rivalen ersetzt wurden. Zur Blütezeit der »tierischen Oper« im 18. Jahrhundert schrieben Komponisten in der Tiersprache nicht nur für Hunde anspruchsvolle Arien, sondern auch für Katzen, Frösche, Esel und auch andere Tiere[1]. Heute kann man gelegentlich einen Schwanengesang hören, aber im übrigen scheint die Musikwelt keinerlei Interesse mehr an dem zu haben, was früher ein blühendes Genre war,

1 Das vielleicht exotischste Beispiel ist die Titelrolle von Bellinis »La Sonnambula«, die ursprünglich von einem Gürteltier gesungen wurde.

Einer der wenigen heutigen Hundesänger mit großer Fangemeinde: Buffy Sainte-Bernard.

und angemessene Solisten für Revival-Konzerte solcher Werke zu bekommen, ist wirklich ein schwieriges Unterfangen. Wenn man außerdem bedenkt, daß es jedesmal, wenn man ein Tier für die Aufführung eines Stücks von P. D. Q. Bach engagiert, zu ausgedehnten Rechtsstreitigkeiten mit dem Tierschutzverband kommt, dann kann der Leser wohl langsam ermessen, was für Probleme die Wiederaufnahme eines Stücks wie »Wachet arf!« aufwirft.

4

DIE VERSCHOLLENEN WERKE

Auch der dümmste Leser wird inzwischen begriffen haben, daß das massive Vertuschungskomplott der Bach-Familie nur zum Teil sein Ziel erreicht hat. Für eineinhalb Jahrhunderte schien P. D. Q. Bach tatsächlich von der Bildfläche der Geschichtsschreibung verschwunden zu sein, aber seit Ende der 1950er Jahre, als der Autor systematisch nach Leben und Werk dieser peinlichsten Leiche im Bachschen Familienkeller zu suchen begann, ist klar geworden, daß zwar viel Material zerstört wurde, daß aber ebenfalls vieles den Auswirkungen der »Operation TV«[1,2] entgehen konnte.

Eine sorgfältige Untersuchung der erhaltenen Daten hat zusätzlich zu den in dieser Abhandlung vorgelegten biographischen Informationen die Titel einiger Werke von P. D. Q. Bach erbracht, die bis jetzt unentdeckt geblieben sind; einige Stücke sind sicher die unwiederbringlichen Opfer der stolzesprallen Säuberung geworden, die diese sonst so edle Familie verübt hat, doch andere könnten noch ans Tageslicht gelangen, wenn nicht durch die demütigen Bemühungen des Autors, so doch durch die noch demütigeren Bemühungen seiner Studenten, deren Zahl ebenso ständig durch Häufeln und Bündeln wächst, wie sie regelmäßig durch Gleichgültigkeit und Einschüchterung vermindert wird.

Die meisten dieser Werke, wie die auf S. 212 erwähnte

1 Totalvernichtung

2 wie »die Dicke« Bertha Bach, eine Futter-Figur in Friedrich Wilhelms III. Heer, es zu nennen pflegte

»Neo-Triosonate«, sind uns nur dem Namen nach bekannt. In bestimmten Fällen, wie dem des »Barbier in Zivil« (vgl. S. 233 ff.), sind Teile der Musik bekannt, und in einem historisch wichtigen und äußerst schwerwiegenden Fall wurde die Musik gefunden und dann wieder verloren.

Im Frühjahr 1953 vollendete der Autor seine Highschool 4 H Club-Dissertation über Johann Sebastian Bachs Verhältnis zur Nahrung unter besonderer Berücksichtigung der »Kaffee-Kantate«, einem von Johann Sebastians seltenen Streifzügen durch die Gastronomie. Der Sommer sah den Autor in Europa nach den Manuskripten anderer J. S. Bach-Kantaten suchen, von denen viele nie gefunden wurden, und seine traurige finanzielle Lage zwang den Autor, manches Mal sein Mahl zu ersingen, das angehörs seines Gesangs normalerweise aus trocknem Brot und nassem Wasser bestand. Als er in eine besonders harte Scheibe Brot biß, bemerkte er jedoch, daß das, was er zunächst als Flecken eines schwarzen Schimmels angesehen hatte, in Wahrheit mit recht schmackhafter Tinte geschriebene Noten waren, und daß das Brot keineswegs Brot war, sondern Teil eines Manuskripthaufens, der zusammengepappt und altersbraun geworden war. Die Suche nach der Herkunft dieses heilsamen Abendmahls führte den Autor zu dem alten Leckendachsschloß[1] ind Südbayern, wo er das vollständige Manuskript der »Sanka-Kantate«,

1 Im 18. Jahrhundert wurde sein Flachdach circa einen halben Meter hoch mit feingemahlenem Kaffee bedeckt; dieser trocknete in der Sonne bis zum nächsten Unwetter. Dann wurden Töpfe und Pfannen auf dem Boden unter die Lecks gestellt, und schon war die größte Kaffee-Maschine der Welt in Betrieb und erbrachte (nach einem typischen 45-Minuten-Schauer) genug Kaffee, um den gesamten Stadt-Klatsch für einen Monat wachzuhalten.

»komponiert von P. D. Q. Bach«, fand, das dem Verwalter als Filter in seiner Kaffeemaschine diente. Ein kurzer Blick auf die Musik erklärte sofort, warum der Kaffee so schauerlich schmeckte, aber die Neugierde des Autors war entfacht durch die Zusammenstellung des berühmten Familiennamens mit solch ungewöhnlichen Initialen, so daß er das aufgeweichte und drippende Manuskript für ein paar Pfennige erstand und mit zurückbrachte an die University of Southern North Dakota zu Hoople, wo er in jenem Herbst unterrichten sollte.

Voller Begierde, sich mit seinem neuesten Fund aural bekannt zu machen oder ihn zu hören, trocknete er das Werk (das übrigens für Bariton, Geige und Continuo geschrieben war) sorgfältig und bereitete eine Aufführung vor. Unglücklicherweise machte er den Fehler, die Fakultät zur Generalprobe einzuladen, und bevor der letzte Akkord verklungen war, rannte Dr. Olaf Johansen, das Haupt der Gesangsfakultät der Universität, auf die Bühne, schnappte sich die Noten und verschwand durch den Notausgang. Nach fieberhafter Suche fand ihn der Autor auf einem Holzklotz hinter dem Wissenschaftstrakt sitzend, wie er ruhig eine Zigarette rauchte und genüßlich lächelte, während das Feuer im Verbrennungsofen neben ihm die letzte Seite seiner Beute – die Kopien des Autors wie auch die Originalhandschrift der Partitur – in Rauch auflöste.

Seit Savonarola im 15. Jahrhundert auf den Straßen von Florenz Bilder verbrannte, ist kein solcher Vandalenakt im Namen selbstherrlicher künstlerischer Moral verübt worden. Die Verwaltung der U. of S. N. D. zu H. hat sich bis jetzt standhaft geweigert, diese mutwillige Zerstörung eines unersetzlichen Abschnitts historischen Lebens zum Anlaß zu nehmen, Prof. Johansen seinen Titel abzuerkennen und ihn feierlich seines Amtes zu entheben. Sei dem, wie es wolle: Das Ergebnis dieses unverantwortlichen Aktes gelehrter Schändlichkeit eines philisterlichen Professors ist, daß (bis auf die Möglichkeit, daß es aus P. D. Q. Bachs Tagen Abschriften gibt) die »Sanka-Kanate« nur mehr in der Erinnerung jener existiert, die die schicksalsmächtige Generalprobe hörten, und in dem bißchen Smog, den es über Hoople, North Dakota, gibt. Kurz nach dem katastrophalen Zwischenfall schrieb der Autor auf, was er von dem Werk erinnern konnte, doch hält er sein Gedächtnis nicht für glaubwürdig genug, um das Stück als authentisches P. D. Q.-Bach-Werk aufzuführen oder zu veröffentlichen.

Das märtyrisierte Manuskript starb nicht vergebens; trotz seines kurzen, mottengleichen Lebens spornte die »Sanka-Kantate« den Autor zu weiteren Nachforschungen in den dunkleren Winkeln des Bachschen Familienstammbaums an; die Ergebnisse sind in diesem bescheidenen Band vorgelegt.

Obwohl P. D. Q.s Instrumental-Musik – auch die, von der nur bekannt wurde, daß sie geschrieben worden ist – sicherlich nicht vollständig entdeckt worden ist, gibt es zwei andere Bereiche mit »verschollenen« Werken, die besonders reizvoll sind; der erste davon ist die Oper. »Der Steinhägerne Gast«, »Hänsel und Gretel und Ted und Alice« sowie die Fragmente, die wir vom »Barbier in Zivil« besitzen, stellen nur einen Teil der Attacken P. D. Q.s gegen das Musikdrama dar – und zwar bedingt durch den eklektischen, um nicht zu sagen promiskuitiven Geschmack des Direktors des Hallovolkstheaters, Rudolfo Bingo.

In der Spielzeit 1786/87 produzierte Bingo nicht weniger als zwei Opern von P. D. Q. Bach, der »Ziegenbaron« und »Frau Butterfliege«. Ein halbes Jahrzehnt darauf schrieb der hinterbliebene normannische Edelmann Count Pointercount (vgl. S. 241) in sein Tagebuch, daß er während eines Aufenthalts in Wein-am-Rhein im Hallovolkstheater einer Vorstellung von P. D. Q. Bachs »Rosenkrawallti und Güllenstern« beiwohnte, die er für eine so »hinreißend hingeschlampte« Oper hielt, daß »ich einen Moment lang meine Trauer um Thusneldens Hingang vergaß, Gott vergebe mir«[1]; tatsächlich beschloß der Count, nachdem er dies Werk gehört hatte, auch bei P. D. Q. einen Beitrag zu den »Triumphen der Thusnelda« in Auftrag zu geben. Er machte sogar P. D. Q. die Partitur einer Gelegenheitskomposition Purcells »The Fairy Queen« zum Geschenk, sicherlich in Unkenntnis der Tatsache, daß P. D. Q. Musik zu geben ein narrensicheres Mittel war, die Urheber dieser Musik zum Opfer eines Plagiats zu machen; falls er im folgenden Jahr in Wein-am-Rhein war, hat er diese Tatsache bestimmt selbst bei der Vorführung von »The Dairy Queen« erkannt, P. D. Q.s neuer »Pastorale in Masken«. Schließlich schrieb P. D. Q.s Lieblingsladenkontortenor, Enrico Carouso (vgl. S. 140) an einen Freund in Wien: »Obwohl ich nicht behaupten kann, daß das Publikum meine Begeisterung immer geteilt hat, werde ich doch nie müde, die Arie der »Königin für eine Nacht« aus P. D. Q. Bachs Zaubertröte zu singen.« Dieserart haben wir fünf Opern ausgemacht (und wer weiß, wie viele noch geschrieben wurden?), deren Obskurität die der entdeckten Opern noch übertrifft.

Der andere Teil »verschollener« Werke ist noch beunruhigender: Von P. D. Q. Bach ist bekannt, daß er eine beachtliche Anzahl religiöser Musikwerke geschrieben hat, und doch

---

1 »My Very Own Diary«, London 1811

scheint keine Note davon überlebt zu haben. Die »Messe in Allah« wurde bereits genannt (vgl. S. 49); die Lästerlichkeit ihrer nahöstlichen Einflüsse sowohl auf das religiöse Dogma als auch auf den musikalischen Stil ist eins der wenigen Dinge, über die sich der protestantische und der römisch-katholische Klerus einigen konnten[1]. Welche Rolle die Musik genau bei P. D. Q.s Exkommunikation gespielt hat, ist nicht geklärt, aber Tatsache ist, daß er nach der Trennung von der Kirche weiterhin sakrale Musik schrieb (obwohl er die »Berühmten letzten Worte Christi« 1781 oder '82 komponierte, wurde die »Halb-Nelson-Messe« und die »Missa hilaris« in den 1790ern geschrieben)[2]; dieser Umstand wurde im Kardinalskolleg als Herausforderung empfunden und war Ursprung großer Verwirrung, und als P. D. Q. 1803 die »Passion nach Hoyle« schrieb, setzte der Papst seine gesamte Musik auf den Index, um damit den (ohnehin unwahrscheinlichen) Einschluß seiner Werke in jedwede öffentliche oder akademische Bibliothek auszuschließen. Während wohl bekannt ist, daß viele Bücher erst populär wurden, weil sie auf den Index kamen,

1 Martin Luthifer, der rätselhafte Pan-Universalist, der während des ganzen letzten Jahrzehnts des 18. Jahrhunderts versuchte, einen Ökumenischen Kirchenrat aufzubauen, befürwortete in der Tat insgeheim die weite Verbreitung von P. D. Q. Bachs Kirchenmusik, in der Überlegung, daß sie als »äußerer Feind« dienen könne, gegen den sich alle Sekten vereinen. Als er merkte, wie leichtgläubig P. D. Q. war, benutzte er auch dessen Hilfe mit dem Versprechen, ihm, sollte es einmal zu dem Kirchenrat kommen, die Konzession für die medizinische Versorgung desselben zu erteilen.

2 Die notorisch langweilige »Boston Mass.«, die P. D. Q. von Albrechtsberger zugeschrieben wird, hat sich als ein frühes, aber typisches Werk von Hummel erwiesen.

scheint im Fall von P. D. Q. Bachs Musik der Papst tatsächlich der letzte Sargnagel gewesen zu sein.[1]

Man weiß bislang von über vierzig Werken, die P. D. Q. Bach geschrieben hat – ein kaum beeindruckender Ausstoß bei einer schöpferischen Zeitspanne von dreißig Jahren –, aber während der letzten anderthalb Dekaden verging kaum ein Jahr, ohne daß eine läßliche Sünde aus der Feder dieses »Pickels auf dem Antlitz der Musik« entdeckt worden wäre, so daß zu diesem Zeitpunkt eine abschließende Beurteilung seiner Produktivität, ebenso wie des Kindes P. D. Q. selbst, schlecht gedacht oder zumindest verfrüht wäre.

1 Es besteht noch immer ein Funken Hoffnung, daß einige oder alle der Manuskripte ihren Weg in die Hände privater Sammler von Blasphemien gefunden haben, aber es wäre unrealistisch, große Hoffnungen zu hegen, daß diese Arbeiten aus dem (um heutige Terminologie zu verwenden) schwarzen Loch der Geschichte befreit werden, da Hexensabbate und andere Antichrist-Klubs dazu neigen, ihr Bibliothekswesen wesentlich schlechter zu pflegen, als es ebenerdige, etablierte Institutionen tun.

ANHÄNGE

ANHANG A

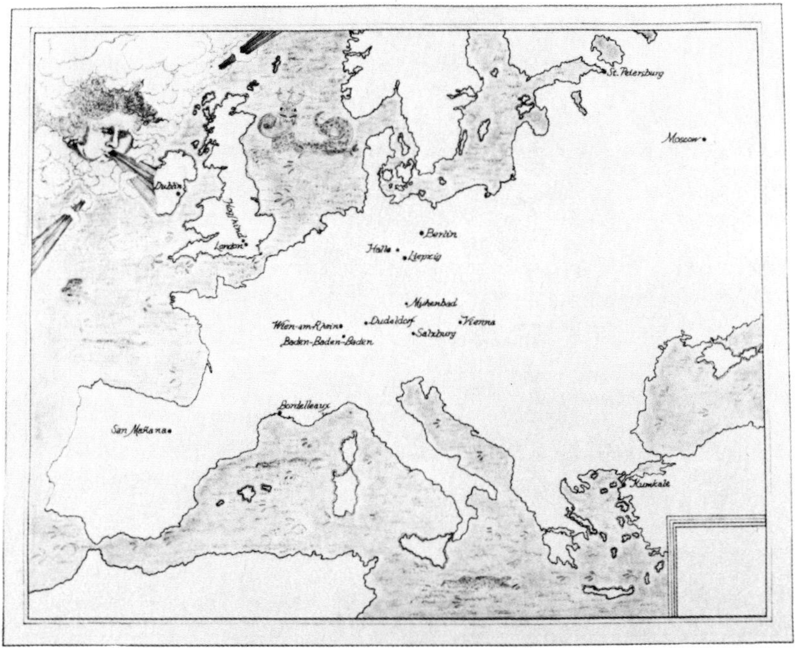

Eine Karte mit den Orten, die P.D.Q. Bach zu Lebzeiten erwiesenermaßen besuchte.

ANHANG B

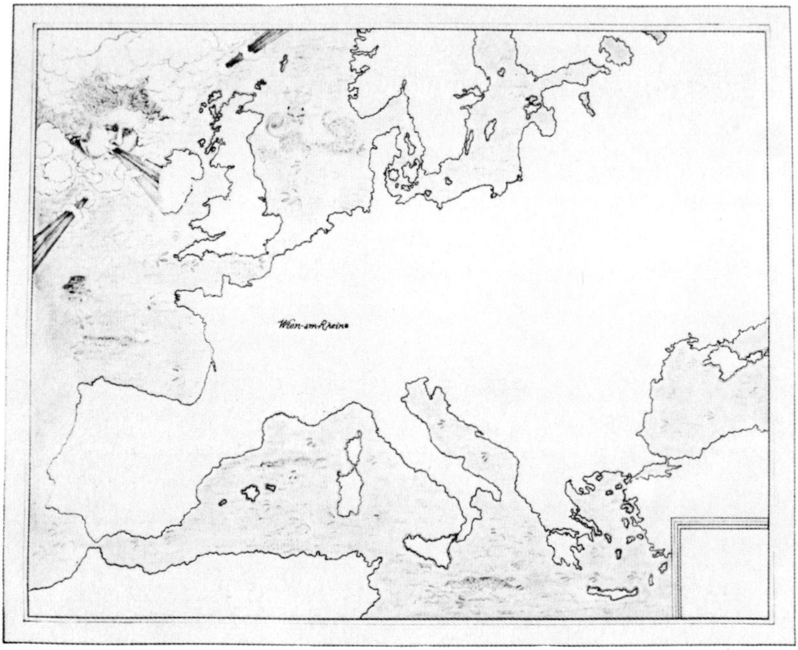

Eine Karte mit den Orten, an denen zu P. D. Q. Bachs Lebzeiten seine Musik öffentlich aufgeführt wurde.

ANHANG C

Charles Burney's Bericht von seinem Besuch in Wein-am-Rhein 1788

Dieser Bericht ist fast vollständig zitiert, da er einer der wenigen verläßlichen Anhaltspunkte zu P. D. Q. Bach ist, die es gibt.

Folgenden Tags erreichte ich die Stadt Wein-am-Rhein, die nicht nur wegen ihrer verpesteten Luft bemerkenswert ist, sondern auch wegen ihres außergewöhnlichen Rohrleitungssystems, durch das unterirdisch warm und kalt fließender Wein in jede Wohnung geschafft werden kann. Ich hatte das Glück, mit einem Mönch des örtlichen Klosters bekannt zu werden, das sehr nahe bei der Stadt gelegen ist und sich doch recht um Abstand bemüht. Bald erfuhr ich, daß der Empfänger meines Briefes nicht mehr im Kloster weile, da er als Dieb ertappt und mit einer Brandmarke an der Stirn davongejagt worden sei, an der ihn alle Welt als diebische Elster erkennen soll. Der, mit dem ich sprach – ein gewisser Bruder Frater –, schien ein hilfsbereiter Kerl zu sein, so befragte ich ihn denn, wo der Komponist P. D. Q. Bach zu finden sei, von dem ich gehört hatte, er lebe in der nahegelegenen Stadt.

Bei der Nennung dieses Namens verdunkelte sich des Mönches Miene und seine Augen wandten sich himmelwärts, wobei er dreimal das Kreuz schlug. Er vertraute mir an, daß P. D. Q. Bach in der langen Geschichte der Kirche die einzige PERSON sei, die jemals zur Todsünde erklärt wurde. Er meinte, wenn alle Kirchenleute dem Herrn so eifrig dienten wie P. D. Q. der Weinflasche, hätte es nie eine Reformation gegeben. Natürlich hatte ich den größten Respekt vor diesem Mann der Geistlichkeit, ein Respekt, der sich allerdings ein wenig minderte, als ich erfuhr, daß er selbst jeden Tag zehnmal das Abendmahl abhielt, auch wenn er kein Brot mehr hatte.

(Darauf entdeckte Burney, daß Padre Martini im Kloster war (vgl. S. 130), und die beiden Männer plauderten über diverse Dinge, die für uns ohne Belang sind. Schließlich ging Burney in die Stadt und suchte einen Ort auf, dessen Adresse er vom Padre erhalten hatte.)

Beim Betreten merkte ich, daß es sich um eine Taverne handelte, was mich reichlich überraschte, denn es war eines der größten und ehrfurchtgebietendsten Gebäude der Stadt. Ich sagte dem Wirt, wen ich suchte, und er meinte, ich fände seinen »Stammkunden«, wie er es nannte, am Kopf des Tischs im Hinterzimmer.

Mit einem prickelnden Vorgefühl und unter nicht geringen Schwierigkeiten bahnte ich mir meinen Weg durch den Vorderraum – über die Tische zu gehen, war am schnellsten – ins Hinterzimmer. Am Tischende zwischen Freunden und Krügen (es waren, glaube ich, fünf Freunde und fünfzig Krüge) saß das Objekt meiner Suche, stippte einen Federkiel in ein Weinglas und fuhr damit über ein Blatt Notenpapier. Er schien ein äußerst untersetzter Mann zu sein, von derben Zügen und einem Teint, der ihn im Roten Meer sicherlich unsichtbar gemacht hätte. Der Eindruck von Untersetztheit war, wie sich herausstellte, dadurch entstanden, daß er vom Stuhl gerutscht war und sich mit seinem Kinn am Tisch hielt; seine Kollegen, wenn das das richtige Wort ist für die dicken

Nasen um ihn herum, versicherten mir, daß er überhaupt selten über dem Tisch sei, und daß er das meiste am Boden komponiere.

(Leider verlor P. D. Q. kurz nachdem Dr. Burney den Raum betreten hatte, das Bewußtsein; letzterer beschloß abzuwarten, bis er wieder zu sich komme, gab es aber nach zwei Tagen auf und setzte seine Reise fort; sein Reisebericht endet mit einer interessanten Beobachtung:)

Wein-am-Rhein ist eine paradoxe Stadt, denn seine Bewohner sind friedfertig und doch in ständiger Gärung.

ANHANG D

Bibliographie

Carouso, Enrico, »Music Minus Two: My Life as a Castrato,« aus dem Italienischen von Lorenzo da Ponte (New York 1835)

Classic Comics, »Born To Make Music! The Story of Big John Bach and His Outasite Organ!« (Story: Stan Lee: Zeichnungen: Jack Pollack; Text: Learned Hand) (New York 1961)

Collins, Thomas, »Pipes and Ale: The Memoirs of Thomas Collins« (Edinburgh 1809)

Grey, Zane, »Riders of the Purple Sage« (New York 1912)

Hans, David, »Bach! Humbug!«, in »Musical Hindquarterly«, XVII

Pointercount, Count, »My Very Own Diary« (London 1811)

Scheibe, Johann Adolph, »Nix Besonderes: J. S. Bach, wie ich ihn kannte«, Erscheinungsort und -jahr inkognito

Youngman, Henny, »Music in the Eighteenth Century«, Hutchins' College Outline Series (Chicago 1973)

ANHANG E

IV. Zweiteiliges Dingens

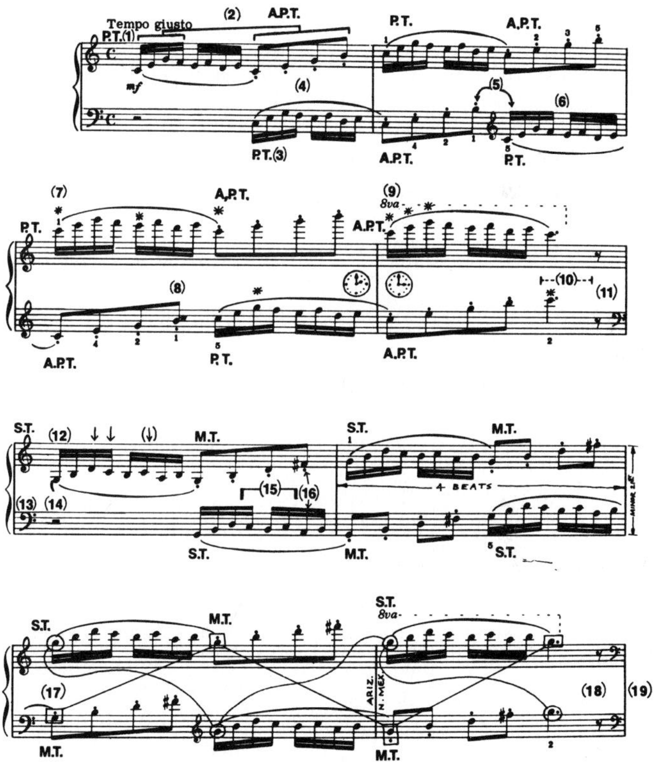

Analyse des Zweiteiligen Dingens
(Aus dem »Notenbüchlein für Betty-Sue Bach)

PT: Haupt-Thema
ST: Zweites Thema
APT: Hilfshaupt-Thema
MT: Klein-Thema

1) Das Haupt-Thema besteht aus acht Noten; die zweite Vierergruppe nennt man eine CAMBIATA (wörtlich: »Geldwechsler«; ein Straßen-Ruf im Rom des 16. Jahrhunderts, der mit dieser Notenfolge begann) und benutzt dieselben Töne wie die der ersten Gruppe, außer daß ein d an der Stelle des c steht und daß es kein g gibt.

2) Das Hilfshaupt-Thema hat vier Noten, deren erste drei eine rhythmische Vergrößerung der drei ersten Noten des Haupt-Themas sind; die vierte Note ist dieselbe wie die vierte Note des Haupt-Themas, allerdings um eine übermäßige Quart nach oben transportiert.

3) Die zweite Stimme (linke Hand) setzt im Kanon ein (Abnutzungsform des spanischen »Canyon«, d.h. die zweite Stimme ist niedriger, oder tiefer, als die erste). Sie wiederholt das melodische Material der ersten Stimme, aber nicht zur selben Zeit.

4) Die Gegenüberstellung von Staccato in der rechten Hand und Legato in der linken ist recht drollig.

5) Der überwältigende Sprung von über den Notenlinien zur Hilfslinie unter den Notenlinien wird zwar durch die Anwesenheit des Violinschlüssels gemildert, ist aber dennoch ein gewagter Vorgang, durch den wohl die exakte Imitation gelokkert werden soll.

6) Eine andere Art, für Abwechslung zu sorgen: Beim zweiten Erscheinen des Haupt-Themas in der linken Hand stehen die Notenhälse auf statt ab.

7) Daß das Stück heroisch gespielt werden sollte, erweist sich bei einer Untersuchung der mit * gekennzeichneten Noten in Takt drei und vier, die unter Berücksichtigung der Transponierung von E♭-Dur in C-Dur identisch sind mit den ersten acht Noten des Eröffnungsthemas von Beethovens »Eroica«-Sinfonie.

8) Der LEITTON ist die wichtigste Note der Tonleiter so wie der Hauptdarsteller der wichtigste Darsteller einer dramatischen Produktion ist,

und wie sein thespisches Gegenstück strebt er stets nach oben (um von den anderen Tönen nicht niedergemacht zu werden). Wenn man die Note zur Andeutung dieser Aufneigung mit einem Pfeil versieht, erhält man (zufällig?) das Symbol der Männlichkeit, und tatsächlich zeigt der LEITTON viele aggressive Züge, die auch sonst mit der männlichen Spezies in Verbindung gebracht werden (Kontrapunkt).

9) 8 VA; aus dem Französischen; wörtlich: »acht geht«, deutet an, daß die acht Noten aus dem vorhergehenden Halbtakt der rechten Hand jetzt weg sind.

10) In diesem kurzen Teil ist der Kanon unisono, sowohl intervallisch wie auch rhythmisch.

11) In der Generalpause findet eine Modulation aus der Tunika, der dominanten Tonart des Stücks, in die Dominante statt, eine Tonart, die einen tonischen Effekt, also einen erfrischenden Wechsel, herbeiführen soll.

12) Das zweite Thema wird wie üblich in der Dominante eingeführt; ebenfalls ist typisch, wie es sich vom Haupt-Thema abhebt: Beachten Sie, daß nur zwei seiner Töne (mit Pfeilen gekennzeichnet) im Haupt-Thema vorkommen (Takt 1), und daß hier von den Hilfslinien als expressivem Mittel viel mehr Gebrauch gemacht wird.

13) Der vertikale oder TRÄGE Umlaut um die vierte Linie ist ein Anachronismus: Er ist ein Überbleibsel aus der Zeit der Meistersinger (und sogar früher – der Zeit der musikalischen Kobolde, der Mindersinger), als er bedeutete, daß alle Vokale auf der vierten Linie zu palatalisieren seien.

14) Die Pause in der linken Hand muß auf den ersten Schlag gespielt werden, nicht vorher, wie später üblich.

15) P. D. Q. Bach erkannte offenbar nicht das Potential dieses dreitönigen Motivs, das Brahms so wirkungsvoll im ersten Satz seiner »Zweiten Sinfonie« eingesetzt hat.

16) Glücklicherweise steht hier die rechte Hand im Violinschlüssel und die linke im Baßschlüssel; stünden beide im selben Schlüssel, gäbe es eine scheußliche Dissonanz!

17) Wenn wir die g's (im Kreis) des zweiten Themas verbinden, und dasselbe mit denen des Klein-Themas tun (im Kasten), erkennen wir die Symmetrie der melodischen Struktur, aber auch eine grundsätzliche Einheit der zwei scheinbar nicht zusammengehörenden Themen. Und wenn wir uns auf diese

vordergründigen Noten konzentrieren, können wir sehen, daß beide Themen im Grunde Ausarbeitungen des berühmten »Sieges«-Motivs sind (. . . _), das viele für das Privateigentum von Beethoven und Morse halten.

18) Beachten Sie, daß diese Pausen nicht transportiert worden sind; sie sind exakt dieselben wie jene am Ende des vierten Takts. Auch hier werden sie zur Modulation benutzt, dieses Mal von der Dominante in die Tunika.

19) Es folgt (hier nicht abgebildet) eine ausgiebige Reprise der Haupt-Thema-Gruppe, während derer das Manuskript abrupt abbricht. Warum P. D. Q. das Stück unvollendet ließ, wissen wir nicht, aber wir dürfen wohl davon ausgehen, daß entweder das Blatt oder er selbst zu Boden fiel, während er den vierzehnten Takt aufschrieb, und dabei blieb es.

ANHANG F

Diskographie

Alle Aufnahmen sind bei Vanguard erschienen und sind in allen fragwürdigen Plattenläden der USA, Kanadas und natürlich Deutschlands sogar in einigen anderen Staaten erhältlich, deren Zahlungsbilanz-Defizit besonders groß ist.

A. d. Hrsg.: Professor Schickele hat sich der undankbaren, aber dankenswerten Mühe unterzogen, die zum überwiegenden Teil deutschen Libretti und Werktitel P. D. Q. Bachs ins Englische zu übertragen. Unter diesen Titeln sind sie dann auch aufgezeichnet und in Schallplattenform vertrieben worden. Aus diesem Grund führt die Diskographie die englischen Werktitel an. In den meisten Fällen wird die Zuordnung dem deutschen Leser jedoch wohl keine Schwierigkeiten bereiten. Und wo doch, kann man auch nichts daran machen.

(1) **The Music of P. D. Q. Bach**
(Peter Schickele Town Hall Concert)
VSD-79195. Chamber orchestra conducted by Jorge Mester.

»Concerto for Horn and Hardart« (Froelich, Schickele)
»Cantata: Iphigenia in Brooklyn« (Ferrante)
»Quodlibet« (by Prof. Schickele)
»Sinfonia Concertante« (Eisenstadt, Lewis, Buetens, Lickman, Zolotareff, Schickele)

(2) An Hysteric Return: P. D. Q. Bach at Carnegie Hall
VSD-79223. Jorge Mester conducting the Royal P. D. Q. Bach Festival Orchestra.

»Oratorio: The Seasonings« (Haywood, Kleinman, Ferrante, Woolf, the Okay Chorale)
»Unbegun Symphony« (by Prof. Schickele)
»Pervertimento« for Bagpipes, Bicycle, and Balloons (Eisenstadt, Schickele, Lewis)

(3) P. D. Q. Bach on the Air
(Report from Hoople)
VSD-79268. Prof. Schickele conducting I Virtuosi di Hoople, with John Ferrante, bargain counter tenor.

»Echo Sonata« for Two Unfriendly Groups of Instruments
»Do you suffer« from (»Diverse Ayres on Sundrie Notions«)
»New Horizons in Music Appreciation« (Beethoven »Fifth Symphony« (Sportscast) (Schickele, Dennis)
»Traumarei« for Uncompanied Piano (Seifenblase)
»Schleptet« in E♭-Major
»What's My Melodic Line?« (Quiz)
»Fuga vulgaris« (from the Toot Suite) (Pedal)
»If you have never« (from »Diverse Ayres on Sundrie Notions«)

(4) The Stoned Guest
VSD-6536. John Nelson conducting the Orchestra of the Heavy Opera Company of University of Southern North Dakota at Hoople.

»The Stoned Guest«: Half-act-opera (Haywood, Kleinman, Ferrante, Bernice, Schickele)

Two Madrigale from »The Triumphs of Thusnelda«
»The Queen to Me a Royal Pain Doth Give«
»My Bonny Lass She Smelleth« (Haywood, Kleinman, Ferrante, Nelson, Schickele)

(5) **The Wurst of P. D. Q. Bach**
(Selections from the first four albums)
VSD-719/20, VSQ-40007/8 (quad). Artists as above.

»Concerto for Horn and Hardart«
Cantata: »Iphigenia in Brooklyn«
»New Horizons in Music Appreciation« (Beethoven Sportscast)
»Schleptet in E♭-Major«
»What's My Melodic Line?«
»My Bonnie Lass She Smelleth« (from »The Triumphs of Thusnelda«)
»Unbegun Symphony« (last movement only)
»Half-act-opera«: »The Stoned Guest« (highlights)
»Fuga Vulgaris« (from the »Toot Suite«)
Oratorio: The Seasonings« (fugue omitted)

(6) **The Intimate P. D. Q. Bach**
VSD-79335, VSQ-40016 (quad). The Semi-Pro Musica Antiqua (Ferrante, Oei, Nelson, Schickele).

»Hansel and Gretel and Ted and Alice«: Opera in one unnatural act
»The O. K. Chorale« (from the »Toot Suite«)
»Erotica-Variations«
»The Art of the Ground Round«

(7) **P. D. Q. Bach: A little Nightmare Music**
An opera in one irrevocable act
VSD-79448. Prof. Schickele conducting the New York Pick-Up Ensemble

»A little Nightmare Music« (Salieri, Schläfer, Billings, Mozart, Tarack, P. D. Q. Bach, Schickele)
»Octoot« for wind instruments
(Dunkel, Palma, Taylor, Epple, Russo, Moses, Goldstein, Taylor)
»Royal Firewater Musick«

(8) **Liebeslieder Polkas**
VSD-79438

»Liebeslieder Polkas« for Mixed Chorus and Piano Five Hands
The Swarthmore College Chorus conducted by Peter Gram Swing
»Twelve quite Heavenly Songs« for Bargain Counter Tnor, Basso Blotto and Keybords (Ferrante, Schickele, Oei)

(9) **Porträt of P. D. Q. Bach**
VSD-79399. Prof. Schickele conducting The New York Pick-Up Ensemble

»Missa Hilarious« (S. N_2O) P. D. Q. Bach (Ferrante, Poov, Wilson, Goodfried-Koven, Anderson, Duh Brooklyn Boys Chorus)
»Eine kleine Nichtmusik« (Schickele)
»Echo Sonata, P. D. Q. Bach« (Solum, Arner, Glickman, Weis, Brown, Biase)

»A Consort of Chorals Christmas Carols (S. 359)« (Duh Brooklyn Boys Chorus, McCarthy)

(10) P. D. Q. Bach: Black Forest Bluegrass
VSD-79427. Robert Bernhardt concucting The New York Pick Up Ensemble

»Cantata: Blaues Gras« (Ferrante, Schickele
No-No Nonette for assorted winds and toys (Schickele)
»Hear me Through« from »Diverse Ayres on Sundrie Notions« (Ferrante, Schickele)

(11) P. D. Q. Bach: Music you can't get out of your Head
VSD-79443. Prof. Schickele conducting the New York Pick-Up Ensemble

»Howdy« Symphony in D Major
»Perückenstück« from »The Civilian Barber« (Brustadt)
»Suite« from »The Civilian Barber«

ANHANG G

GLOSSAR DER UNGEWÖHNLICHEN INSTRUMENTE, DIE P. D. Q. BACH EINSETZTE

Ballons vgl. »Pervertimento«, S. 228

Calliope. Eine laute, transportable Orgel, deren Töne mit Dampfpfeifen erzeugt werden. Die meisten Fachleute behaupten, das Instrument sei in Amerika in den 1880er Jahren erfunden worden, liegen damit aber total falsch; beinah ein Jahrhundert zuvor baute ein professioneller Wasserkocher in Badenweiler am Rand des Schwarzwaldes eine Dampforgel, das erste von verschiedenen Modellen, die allesamt recht beliebt waren in ganz Europa. (»Tuut-Suite«, »Hänsel und Gretel und Ted und Alice«)

Doppelrohrblatthuka in F. Eins der wenigen für drei Spieler erfundenen Instrumente. Wie beim Piccolo kann man damit hoch kommen und tief enden. (»Perückenstück«).

Doppelrohrblattzugnotenständer. Ein Drahtnotenständer ohne die Ablage, umgekehrt gehalten; Rohrblatt und Mundstück werden durch das Loch im Boden eingeführt, und der verstellbare Ständer wird wie ein Posaunenzug benutzt. Sein Tonumfang beträgt ungefähr eine kleine Terz; sein Ausdrucksumfang ist noch beschränkter. (»Sinfonia Concertante und -onkel«)

Duschkopf in D. P. D. Q Bach badete selten, wenigstens in Wasser, und sicherlich meinte er, da er seinen Duschkopf eh nicht zum Duschen benutzte, daß er ihn wenigstens für etwas anderes gebrauchen könne. Sein Ton ist sauberer als der des Waldhorns, dem er in anderer Hinsicht beunruhigend ähnelt. (»Serenackte«, »Die vier Haaresbreiten«)

Fahrrad vgl. »Pervertimento«, S. 228

Fasaune. Eine Kreuzung aus Fagott und Posaune, die die Nachteile beider zu einem praktischen Instrument vereint. (»Serenackte«, »Die vier Haaresbreiten«)

Hardart. Vgl. »Concerto für Horn und Hardart«, S. 223

Jacomus-Blatt-Ulmer-Pfeife. Kalt gemessen ca. 5 cm lang, ist dieses Mitglied der Saugflötenfamilie sicherlich das kleinste (und auch duftigste) Instrument, das je ein Orchester begleitete. (»Concerto ingrosso«)

Kazoo. Das Kazoo ist die moderne Form eines alten, Mirliton genannten Instruments, das aus einer Pfeife mit einer Membrane an einem Ende bestand, wo man hineinsang; im 17. Jahrhundert war es als Eunuchen-Flöte bekannt und wurde sehr bewundert wegen seiner einzigartigen eunuchalen Tonqualität. Wenn Sie mir nicht glauben, was Sie doch sicher nicht tun(?), sehen Sie doch ins »Harvard Dictionary of Music«. (»Serenackte«, »Erotica-Variationen«, »Die vier Haaresbreiten«)

Lasso d'amore. Vgl. »Erotica«-Variationen«, S. 247

Linkshändige Leitungsflöte. Eine bleierne Flöte, die man mit links spielt und damit ihre typische **linkshändige** Tonqualität erzeugt. (»Concerto ingrosso«, »Sinfonia concertante und -onkel«)

Nasenflöte. Die Nasenflöte hält man wie ein Taschentuch hoch und bläst hinein, wie ins Taschentuch; anders als beim Taschentuch ist der Ton klar und pfeifengleich, recht gefällig und gar nicht nasal. Die professionelle Ausübung dieses Instruments nennt man im Land der unbegrenzten Möglichkeiten NOSE-JOB.

Nebelhorn. Von den Nebelhörnern des 18. Jahrhunderts weiß man wenig. P. D. Q könnte an eine große Seemuschel gedacht haben, die wie eine Trompete zu blasen wäre. Da aber weitere präzise Informationen fehlen, scheint es doch gerechtfertigt, bei heutigen modernen Aufführungen ein Handnebelhorn mit Preßluft zu verwenden. (»Erotica-Variationen«, »Die vier Haaresbreiten«)

Okarina. Eine runde Flöte, umgangssprachlich auch SÜSSE KARTOFFEL. Normalerweise sieht sie aus wie eine Horizontalträne aus einem außergewöhnlich großen Auge. Große Okarina: eine größere Ausgabe desselben Instruments. (»Concerto ingrosso«, »Sinfonia Concertante und -onkel«)

Polizeiposaune. Die Polizeiposaune produziert den aufsehenerregenden Ton einer Sirene zugleich mit dem aufsehenerregenden Ton einer Posaune. Häufig ist sie übrigens am Kopf eines Spielzugs eingesetzt, um den Weg frei zu machen. (»Perückenstück«, Suite aus »Der Barbier in Zivil«)

Pumpenflöte. Die Pumpenflöte muß von zwei Personen gespielt werden: Der eine blättert die Noten, der oder die zweite bläst. (»Perückenstück«)

Schlange. Die Schlange, so genannt, weil sie sich spielend durch alle Tonlagen windet, erzeugt zwei klare Töne zur selben Zeit plus ein bedrohliches Klappern. Dem Wurme eng verwandt, sieht man sie heute selten außer in Museen und Holzstapeln. (»Kleinan Zechliedlein«)

Tönette. Eine billige Plastikflöte mit einem belustigenden Anspruch. (»Concerto ingrosso«)

Weinflasche. In der Kantate »Iphigenie in Brooklyn« muß die Weinflasche in jedem Satz einen tieferen Ton als im vorhergehenden Satz spielen. Daher ist die hauptsächliche Schwierigkeit beim Spielen der Weinflasche nicht das Erzeugen des Tons als solchen, den man durch Blasen über den offenen Hals hervorbringt; was den Weinflaschisten vom reinen »Dilettanten« trennt, ist die Fähigkeit, das Stück in einer halbwegs aufrechten Haltung zu Ende zu bringen. Da die volle Aufführung eines Werks die Einflößung einer ganzen Flasche bedingt, und zwar angesichts der Finanzlage der klassischen Musikszene von einem offensichtlich billigen Rotwein und dies im Zeitraum von zehn Minuten oder weniger, ist auch bei Virtuosen zu erwarten, daß sie oft nicht ohne Hilfe von der Bühne kommen.

Windbrecher. Der Windbrecher besteht aus einer Reihe gestimmter Rohrpostrohre, was auch für den reichlich verwirrenden Namen verantwortlich ist, mit dem das Instrument in Abhandlungen über die Orchestrierung im 18. Jahrhundert bezeichnet wurde: Post-Tuba. Nicht verantwortlich ist dies für die ungewöhnliche Tonqualität, über die man je weniger desto besser sagt. Der Zugwindbrecher andererseits hat zwei Innenrohre, die dem Spieler ein Glissando von einer Note zur anderen ermöglichen, aber das hilft auch nichts. (»Serenackte«, »Erotica-Variationen«, »Die vier Haaresbreiten«)

Wurm. Der Wurm ist insofern ein ungewöhnlich ungewöhnliches Instrument, als sein Ton davon abhängt, wo man ihn hinhängt. Der Gebrauch dieser Ton-Hänger-Beziehung bei einem Blasinstrument ist nach Ermessen des Autors gänzlich einzigartig und nicht nachahmenswert.

Ziehpfeife. Die Ziehpfeife hieß auch Posaune des kleinen Mannes. Wie das Kazoo hält man sie, wenn man sie überhaupt je hält, für kaum mehr als ein Spielzeug. Trotz ihres großen Tonumfangs ist sie auch kaum mehr als ein Spielzeug. (»Concerto ingrosso«, »Serenackte«, »Erotica-Variationen«, »Die vier Haaresbreiten«)

Weibliche Mitglieder sind aufgenommen, wo Informationen erhältlich waren, aber Kinder, die nicht überlebt haben, wurden ausgelassen. Der Zweig, der von Johann Ambrosius' Tochter Flusi abstammt, ist um eine Generation länger, um verschiedene Personen aufzunehmen, die im Text vorkommen, und außerdem, weil die darin enthaltenen Personendaten schwierig, wenn nicht unmöglich in herkömmlichen, männerorientierten Stammbäumen zu finden wären. ▷

ANHANG H

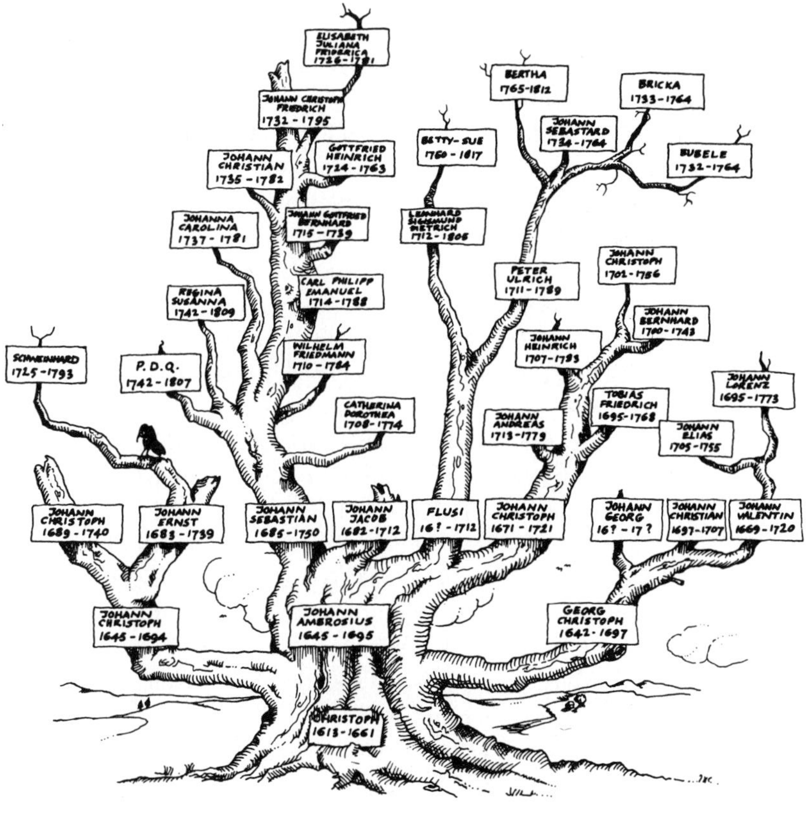

Der Bachsche Familien-Stammbaum

ÜBER DEN AUTOR

Prof. Peter Schickele ist dem bedeutenden Komponisten *Peter Schickele* sehr nah verwandt, der 1935 in Ames, Iowa, geboren wurde und in Iowa, Washington, D. C. und Fargo, North Dakota, aufwuchs. Seine ersten Kompositionsstunden erhielt er bei Sigvald Thompson, Roy Harris und Vincent Persichetti. Nachdem er das Swarthmore College und die Juilliard School of Music erfolgreich absolvierte, unterrichtete er vier Jahre lang, zumeist bei Juilliard. Seit 1965 freischaffend, betätigt er sich auf vielen Gebieten der Komposition: er schrieb Sinfonien (einschließlich Auftragsarbeiten für das St. Louis Sinfonie– und das Louisville-Orchester); Filmmusik (Dokumentar- und vier Spielfilme, darunter »Crazy Quilt« und »Silent Running«); Fernsehmusik (darunter einige Folgen von »Sesam Street«); Bühnenmusik (als Mitglied des Kammer-Rock-Ensembles *The Open Windows* war er einer der Komponisten und Texter des Broadway-Hits »Oh! Calcutta!«); dazu Choräle und Kammermusik. Er hat als Arrangeur und Dirigent bei verschiedenen Schallplatten-Aufnahmen mitgewirkt, z. B. mit Joan Baez; für eines ihrer Alben, »Baptism«, schrieb er die Musik. Trotz des vollen Konzertkalenders seines Verwandten Prof. Schickele (mit dem er sich sehr gut verträgt) hat Herr Schickele Zeit genug, seine eigenen Werke zu schreiben und sie im ganzen Land, so wie in New York City aufzuführen, wo er mit seiner Frau (einer Tanzlehrerin für Kinder) und ihren Kindern Karla und Matthew lebt.

Inhaltsverzeichnis der beiliegenden CD

1	1712 Overture (Auszug)	2:42
2	Classical Rap (Auszug)	3.00
	WTWP Classical Talkity Talk Radio	
3	Station ID	0:14
4	Theme Song (Auszug)	0:38
5	Grand Serenade for an Awful Lot of Winds and Percussion	
	II. Simply Grand Minuet	2:51
6	Concerto for Two Pianos vs. Orchestra	
	III. Presto Changio	3:01
7	Sonata Da Circo	
	IV. Toccata Ecdysiastica	1:05
8	Calliope Frustration (Auszug)	0:22

Sneaky Pete and the Wolf

Einer der größten musikalischen Satiriker verleiht der Musik von *Prokofiev: „Peter und der Wolf“* sowie *Saint-Saëns: „Karneval der Tiere“* nie gehörte Tiefen. Humorvolle Geschichten und musikalische Witze treiben diesen Unsinn auf die Spitze.
(Texte in englisch)

TELARC DIGITAL

www.telarc.com aus dem Hause in-akustik, www.in-akustik.com

inakustik QUALITY OF MUSIC

P. D. Q. Bach

Seine unsterblichen Werke - ehrfurchtsvoll ediert von
Prof. Peter Schickele

I. Tasteninstrumente

"Goldbrick" Variations (Klavier) 110-40706
Little Pickle Book (Pockelbüchlein) (Orgel) 413-41144
Notebook for Betty-Sue Bach (Klavier) 410-41203
Sonata da Circo (Organ or whatever) 413-41145
Sonata Innamorata (Klavier 4-hdg) 410-41280
Three Chorale-Based Piecelets (Orgel) 413-41146
Three Teeny Preludes (Klavier) 110-40630
Toot Suite (Calliope/Orgel 4-hdg) 410-41199

II. Streicher

Sonata for Viola 4 Hands and Harpsichord 114-40166
Suites for Cello All By It's Lonesome
- Nr. 1 114-40832
- Nr. 2 114-40833

III. Holzbläser

Lip My Reeds (4 Fg) 114-40674
Octoot (2 Fl, 2 Ob, 2 Klar, 2 Fg) 414-41157
Sonata "Abassoonata" (Fg + Pno) 114-40746
Sonata Piccola (Picc + Pno/Cemb) 114-40458

IV. Blechbläser

Canzon per sonar a sei - Count them - sei
(2 Trp, 2 Hr, Pos, Tb) 114-40471
Canzonetta "La Hooplina" ("The Girl from Hoople")
(2 Trp, 2 Hr, Pos, Tb) 114-40623
Fanfare for the Common Cold (2 Trp, 2 Hr, Pos) 114-40208
Fanfare for Fred (4 Trp, 4 Hr, Timp, 4 Perc) 114-40675

V. Gemischtes Ensemble

Capriccio "La Pucelle de New Orleans"
(2 Fl, 2 Ob, 2 Klar, 2 Fg, Trp, Pos) 114-40578
"Dutch" Suite G-Dur (Fg + Tb) 114-40244
Echo Sonata for Two Unfriendly Groups of
Instruments (Fl, Ob, Fg, Hr, Trp, Pos) 114-40580
Erotica Variations for Banned Instruments
(1 Player) and Piano 114-40240
The Musical Sacrifice
(Picc/Fl, Ob, Fg, Pos, Baß-Pos, Vl, Kb) 114-40579
Schleptet (Fl, Ob, Fg, Hr, Vl, Vla, Vc) 114-40581

VI. Symphonisches Blasorchester

Grand Serenade for an Awful Lot of Winds and Percussion 115-40138
Six Contrary Dances 115-40161
March of the Cute Little Wood Sprites 115-40184

VII. Sologesang (Text englisch)

The Art of the Ground Round (3 Baritones & Discontinuo) 312-41055
Diverse Ayres on Sundrie Notions (Ladenkontor-Tenor, Wurm & Schlange, Vl, Vla, Vc, Cemb)(Kl-Ausz) 411-41071
Four Folksong Upsettings (Mezzanine Soprano & Devious Instruments) 111-40140
Shepherd on the Rocks, with a Twist (Ladenkontor-Tenor und abwegige Instrumente) 111-40111
Twelve Quite Heavenly Songs 414-41160

VIII. Chor (Text englisch)

A Consort of Christmas Carols (SATB a cap) (Part)
- Good King Kong Looked Out 312-41182
- O Little Town of Hackensack 312-41181
- Throw the Yule Log On, Uncle John 312-41180

Four Curmudgeonly Canons (The Seasons of a Malcontent) (SATB) 312-41675
Liebeslieder-Polkas (SATB + Pno 5-hdg) Nr. 1 - 10 312-41328-36
Zwei Madrigale aus "Die Triumphe der Thusnelda (SATB a cap) (Part) 312-40794/5

IX. Oper (Text englisch)

A Little Nightmare Music - Oper in einem unwiderruflichen Akt (Kl-Ausz) 411-41085
Perückenstück aus dem "Barbier in Civil" (Kl-Ausz) 411-41072
The Stoned Guest - Oper in einem Halbnackt (Kl-Ausz) 411-41055

X. Oratorium (Text englisch)

Birthday Ode to "Big Daddy Bach" (Soli, SATB und Orchester) (Kl-Ausz) 412-41067
"Knock Knock" Kantate für Soli, SATB und Klavier 412-41073
Oedipus Tex - Dramatisches Oratorium für Soli, SATB und Orchester (Kl-Ausz) 412-41072
The Seasonings (Soli, SATB und Orch.) (Kl-Ausz) 411-41054

Weitere Werke leihweise erhältlich